Le siècle des égarés

Du même auteur

Ce qui changerait tout sans rien changer, coll. « Et après ? », Éditions de L'Observatoire, 2020.

Le développement (im)personnel, Éditions de L'Observatoire, 2019.

La comédie (in)humaine, avec Nicolas Bouzou, Éditions de L'Observatoire, 2018.

Socrate au pays des process, Flammarion, 2017.

Coup de philo sur les idées reçues, Michel Lafon, 2010.

Julia de Funès

Le siècle des égarés

De l'errance identitaire au sentiment de soi

Éditions de L'Observatoire

ISBN : 979-10-329-1455-7
Dépôt légal : 2022, octobre
2e tirage : 2022, novembre

170 *bis*, boulevard du Montparnasse, 75014 Paris

À mes grands-parents et parents
qui m'ont appris à ne pas faire
d'un nom une identité
mais une exigence.

Introduction

La quête identitaire ou l'égarement contemporain

Qui suis-je vraiment ? Comment ne pas brimer une partie de moi-même et vivre pleinement ce que je désire ? Quel est mon style ? En ai-je seulement un ? À quel point suis-je le résultat d'une culture, d'une descendance, d'une couleur de peau ou d'un genre ? Ce choix que je fais est-il issu de ma volonté propre ou n'obéit-il qu'à des conventions sociales ou familiales ? Ce rôle que je joue avec certaines personnes m'épuise, comment m'en défaire ? Cette image flatteuse de moi-même que je m'efforce de renvoyer est-ce seulement moi ? Ou puiser la force d'être moi-même pour ne pas passer ma vie à côté de qui je suis ?

Tous ces questionnements ont trait à l'identité et chacun de nous se les pose à un moment donné de son existence. Mais aujourd'hui plus que jamais. L'identité est devenue la valeur cardinale de notre modernité. À l'échelle collective, les communautarismes s'intensifient et les revendications identitaires se crispent. À l'échelle individuelle, le développement personnel étend son marché et la narcissisation du « moi » s'épanche sur les réseaux.

Mais ces polarisations identitaires n'égarent-elles pas les individus en quête d'eux-même davantage qu'elles ne les orientent ? En faisant de l'identité la star de la cote à la bourse des valeurs, notre siècle se fourvoie. Nous voyons trois raisons à cela.

À l'échelle individuelle, l'identité s'avère la plupart du temps un piège pour soi-même. Ne parvenant pas toujours à nous définir, ne sachant pas vraiment qui nous sommes, anxieux à l'idée d'assumer véritablement notre authenticité, nous empruntons des identités, nous imitons, nous simulons, nous jouons à être. L'identité personnelle se vit alors à travers l'adoption de postures, de places définies, de rôles statués, autant d'archétypes qui nous formatent autant qu'ils nous déguisent. Tentés à l'idée de croire que l'identité nous construit et nous fortifie, force est de constater qu'elle ne fait souvent que nous éloigner de nous-mêmes en nous confinant dans des emplois et des rôles.

À l'échelle collective, il suffit d'un regard pour constater que les dogmatismes identitaires s'exacerbent et que l'universalisme perd de son prestige. Du temps des Lumières, l'universalisme était le chemin vers l'égalité et la liberté, il est désormais devenu, pour certaines communautés, synonyme de déni des différences et de consolidation des injustices. On n'a jamais été aussi loin du temps des Lumières, puisque l'identitosphère s'étend au point de faire des moindres différences des mini-impérialismes, et des particularités des « fiertés ». On n'a jamais été aussi loin du temps des Lumières puisqu'un match entre « universalistes » et « identitaristes », entre ceux qui subsument l'identité sous l'universel et ceux qui relèguent l'universel derrière les particularités identitaires, semble se jouer au profit des dernières.

Enfin, sur le plan théorique, l'identité est un des seuls concepts à être si paradoxalement construit au point de ne mener qu'à des impasses philosophiques.

Rien qu'en ouvrant le dictionnaire au mot « identité », deux acceptions contradictoires le définissent. Signifiant à la fois le même (être identique) et le différent (être spécifique), il est inévitable que toute recherche identitaire porte en elle une contradiction. Toute identité collective qui se forme oscille bien entre l'universalisme qui recherche le même et le communautarisme qui défend le spécifique. Toute identité individuelle qui se forge balance elle-aussi entre l'identification qui vise le même et l'individualisation qui singularise le soi. Par-delà cette contradiction inhérente, le concept, nous le verrons, reste incertain.

Hasardeuse conceptuellement, anti-universaliste collectivement, et parfois factice à titre individuel, l'identité égare plus qu'elle ne guide. Si l'identité est donc à interroger, quelque chose de cette notion semble toutefois résister et ne pas pouvoir se laisser abandonner : le désir d'être soi-même. Alors comment maintenir le sentiment de soi sans identité ? Comment devenir soi-même sans tomber dans le piège identitaire ? Comment trouver, conserver et cultiver sa singularité malgré les postures convenues et les identités admises ? Telles sont les questions à l'origine de ce livre.

1

L'identité, une poursuite malheureuse

> « Le désert croit,
> malheur à qui protège le désert. »
>
> Friedrich NIETZSCHE

L'identité, une force qui va

L'exigence permanente de reconnaissance, de respect, de déférence, d'égalitarisme, de parité, de diversité, d'inclusion est le symptôme d'un pays en désir de considération identitaire de plus en plus vif. Si notre société occidentale est aujourd'hui considérée par certains comme discriminatoire, raciste, sexiste, hétéronormative, colonialiste, etc., c'est qu'une quête de reconnaissance identitaire y est invariablement à l'œuvre. Comment l'identité est-elle devenue cette valeur cardinale au point de constituer le motif principal de la plupart des revendications modernes ? Une rapide histoire des idées permet de le comprendre.

Le règne de l'individu

Le XXe siècle est celui de l'avènement individuel puisque dans les temps précédents il n'existait pas à proprement parler d'individus, au sens de sujets capables de déterminer leurs pensées et leurs actes indépendamment d'un ordre extérieur auquel ils étaient soumis.

Rappelons rapidement que, du temps de l'Antiquité, la métaphysique et la religion étaient censées donner des orientations, sinon des réponses, aux questions existentielles des hommes, que celles-ci portent sur les finalités de l'existence, la mort, la maladie, ou encore le travail. C'est donc par rapport à l'ordre général du monde que la plupart des hommes devaient se situer pour se comprendre et être ce qu'ils avaient à être. Chaque homme étant comme un organe ayant sa fonction propre au sein de l'organisme global qu'est l'univers, réussir sa vie pour Platon ou Aristote revenait à trouver sa place, son *topos*. Une vie réussie était une vie ordonnée s'ajustant parfaitement à l'ordre transcendant.

Du temps des grandes religions, réussir sa vie équivalait à vivre en harmonie avec les commandements divins. C'était l'autorité non plus cosmique mais divine qui faisait figure de principe de référence pour s'orienter dans l'existence et s'accomplir.

Au XVIIIe siècle, avec la « disparition » du cosmos puis du divin comme ordres référents d'existence, ce sont les figures de l'idéal humain qui vont venir les supplanter. Les valeurs humanistes (la raison, la science, le progrès, la démocratie, l'égalité, etc.) deviennent dès lors les nouveaux idéaux régulant les actions et les existences.

C'est seulement au XXe siècle que l'idée d'ordre supérieur s'évanouit au profit de l'immanence individuelle. L'avènement de la démocratie participe du rejet de toute forme d'autorité transcendante et consolide la primauté de l'individu. La démocratie, par laquelle la société est déliée de toute fondation supérieure et extérieure à elle-même, annonce l'autonomie du peuple et des individus qui la constituent. De l'héritage historique on passe à l'historicité : d'un monde déjà construit par un ordre transcendant à un monde de plus en plus à réaliser par l'individu lui-même. Concrètement, nous voyons que la médecine se subjectivise progressivement au point de contrebalancer le dirigisme hospitalier par de l'automédication (homéopathie, techniques douces, parallèles, etc.). Simultanément le sport s'individualise en privilégiant l'entraînement à la carte et le coaching personnalisé. L'éducation, autrefois autoritariste et rigoriste, est devenue permissive, à l'écoute des besoins individuels de l'enfant. Le modernisme en art rompt sans cesse avec les règles classiques de la tradition. L'honneur, la politesse, l'élégance ou la décence et toutes les valeurs relationnelles qui considèrent l'autre comme une finalité sont supplantées par des finalités individualistes : la santé, le culte de soi, l'accomplissement personnel, le bien-être immédiat. Puisque les hommes ont à faire leur histoire, leur rapport au temps est par voie de conséquence moins fidèle à la tradition, au passé ou à tout ordre antérieur, et davantage axé sur le présent et le futur. On mesure chaque jour combien le sens historique est dévalué au profit du « moment présent » et des générations futures. Les valeurs passées étant désaffectées et les œuvres passées étant revisitées sans vergogne (*cancel culture*), le présent et le futur sont d'autant plus investis. La méditation, concentrée sur le moment présent, et le développement personnel, proposant des recettes immédiates, prennent évidemment le pas sur toute autre forme de savoir et de morale inscrits dans le temps long.

Dans ces conditions d'individuation croissantes, il est logique que les caractéristiques privées telles que l'identité, la race, le genre deviennent les nouveaux enjeux publics.

L'obsession identitaire

Cette individualisation progressive générée par l'effondrement graduel des autorités mène directement à l'effervescence identitaire dont on vit actuellement l'apogée. Si l'individu se retrouve seul face à lui-même, sans autorité transcendante, la question de son identité devient, par voie de conséquence, centrale. Et de fait, nous assistons à l'emprise grandissante de la logique identitaire et à la démultiplication des luttes pour le respect identitaire. Que ce soit sur le plan culturel, sexuel, professionnel, ethnique, politique, la liste des revendications ne cesse de s'allonger et la ferveur identitaire de se renforcer.

Le « il faut » de la morale traditionnelle a cédé la place au « respecte qui je suis ». L'interdit irréfragable, le renoncement à soi-même et le désintéressement pur ont cédé le pas à la permissivité, à l'intérêt personnel et aux égards identitaires les plus complaisants. Il y a moins une éthique de l'autre et de l'empêchement qu'une éthique de l'être-soi et de l'épanouissement. Le temps du sacrifice au nom de plus grand que soi (la patrie, la famille, son prochain) est révolu. Si la moralisation reste présente, la morale (le devoir qui oblige et excède le sujet) n'est plus nulle part. La morale d'hier sanctifiait l'abnégation individuelle, la moralisation d'aujourd'hui privilégie l'exigence d'actions mesurées et de modération comportementale pour protéger les droits de chacun et les identités de tous. Si la morale pouvait se résumer dans une formule, nous dirions que celle de Camus dans *Le Premier Homme*, « Un homme ça s'empêche[1] », est la plus appropriée. Aujourd'hui, « un individu ça se respecte » semble le mot d'ordre le plus adapté.

Notre obsession identitaire est également manifeste à travers notre rapport à la consommation puisque cette dernière est une forme de singularisation. En inclinant l'individu à choisir en permanence, consommer l'astreint à se façonner et à se distinguer. L'individu devient une combinatoire polymorphe et unique, dont la singularité se situe davantage dans la combinaison qu'il trouve que dans les éléments mêmes de la combinaison qui sont souvent plus conformistes les uns que les autres. La consommation accroît les choix individuels afin que chacun ait le sentiment de composer à la carte son identité.

Le militantisme prend lui-aussi une tournure identitaire. Si hier les luttes militantes s'axaient sur la classe sociale, aujourd'hui la classe sociale s'efface au profit du genre, du sexe, de la race, en un mot de la reconnaissance identitaire. Ce sont moins les conditions sociales qui semblent au cœur des combats actuels que le respect des « fiertés » et des singularités. La victoire de l'individu et la compulsion à l'identité ont triomphé.

1. A. Camus, *Le Premier Homme*, Gallimard, 1994, p. 66.

L'identité, à l'origine de bien des conflits

Cette compulsion est d'autant plus inquiétante que sans prétendre fournir une explication unique aux pires événements de l'histoire bien trop complexes pour se réduire à une seule cause, il apparaît néanmoins que la défense ou l'expansion identitaires sont des composantes non négligeables de bien des conflits familiaux, nationaux ou internationaux. Entre membres d'une même famille, régions d'un pays, ou nations, les conflits ont parfois et même souvent pour origine une revendication identitaire. Il y aurait de nombreux exemples historiques illustrant la complexité souvent tragique des mécanismes identitaires à l'œuvre dans les drames humains. La couleur, la religion, la classe, la langue, la géographie, les territoires, sont tous des marqueurs identitaires ayant conduit aux dérapages les plus meurtriers. La défense ou l'expansion identitaire peuvent facilement pousser les hommes aux extrêmes. S'ils ont le sentiment que face à « eux », « les autres » constituent une menace pour leur ethnie, leur religion, leur territoire, leur nation, en un mot leur identité, tout ce qu'ils peuvent faire pour écarter cette menace leur paraît légitime, jusqu'aux pires exactions.

À l'échelle internationale

Force est de constater que ce ne sont pas des intérêts rationnels qui conduisent les nations à la guerre, mais des passions identitaires. C'est moins pour le cours du pétrole ou celui des matières premières qu'on se bat que pour une identité religieuse, territoriale ou politique.

Combien sont morts pour leur patrie ? pour leur religion ? pour leur territoire ? pour leurs frontières ?

L'Ukraine dont l'identité est depuis des années divisée entre un côté pro-russe et un autre pro-européen se fait actuellement envahir par la Russie, incertaine quant à elle du respect identitaire que l'Otan lui doit. L'Europe se heurte elle aussi depuis des années à une problématique identitaire. Comment concilier le besoin pour chaque pays de persévérer dans son identité et la nécessité de s'harmoniser avec l'ensemble de l'union ? Rester souverain et maître de son pays tout en appartenant à un ensemble plus vaste relève de la problématique identitaire.

À l'échelle nationale

La France rencontre elle aussi un problème identitaire majeur lié à une immigration de plus en plus massive, faisant affluer quantité de personnes n'ayant pas le projet de changer de valeurs pour adopter celles du pays qui les accueille, mais qui revendiquent au contraire celui d'imposer les leurs. Un pays est une nation, une patrie ; l'immigration qui peut mettre en péril ses principes constitue un stress identitaire. Inversement, à permettre et favoriser l'intégration de communautés, celles-ci se sentent parfois en mal de reconnaissance identitaire, comme si l'indifférenciation n'était en somme qu'un déni identitaire. L'indifférenciation comprise hier comme une assimilation est aujourd'hui davantage perçue comme un refus des différences. De telle sorte qu'une série de revendications séparatistes ne semblent plus pouvoir s'interrompre face à un droit dépassé par ses propres principes.

Les mouvements régionalistes sont également des problématiques identitaires à l'échelle d'un pays. Est-ce faute d'une identité nationale suffisamment forte que les régionalismes se renforcent ? Ou les régionalismes renforcent-ils à terme l'identité nationale ? Dans ses expressions les plus abouties, les régionalismes conduisent à des tentatives sécessionnistes. La Catalogne avec l'Espagne, l'Écosse avec le Royaume-Uni, par exemple. En France, l'Alsace, la Bretagne, la Corse sont connues pour entretenir un régionalisme fort, se manifestant notamment par une tentation souverainiste de la population locale. Ces revendications, par souci de valoriser et de défendre une identité au sein d'une même nation (ce qui peut bien sûr être légitime, il ne s'agit pas de critiquer le régionalisme ici), peuvent néanmoins générer des tensions voire des ruptures intranationales entre l'État et les institutions locales.

À l'échelle familiale

À l'échelle de la famille, les lignages représentent eux aussi des foyers identitaires particulièrement enchevêtrés. Les identités y sont sans cesse à prouver, à affirmer ou à étouffer pour ne pas déplaire ou déstabiliser. Un nouvel être arrive et l'échiquier identitaire est à reconstituer. Un être disparaît et les places sont à nouveau dérangées. Un mariage, un divorce et c'est toute l'identité d'une lignée qui se réoriente pour le meilleur ou pour le pire. Entre frères et sœurs, comment s'affirmer, trouver sa juste place ? Le registre des contes et légendes bibliques commence par un fratricide, Caïn tue Abel. L'un est le nomade ; il annonce ceux qu'on regarde d'un mauvais œil : l'étranger, l'autre, le non-identique. L'autre est le sédentaire ; il redoute l'étranger qui met en péril l'identité territoriale. Entre parents et enfants, quelle identité se forger ? Une phrase telle que « C'est tout son père » et voilà l'identité de l'enfant niée ! Dans un registre plus freudien, faut-il tuer le père ou la mère pour parvenir à être quelqu'un ? Dans les contes et légendes de l'Antiquité, Œdipe couche avec sa mère, tue son père ; la valse des places identitaires est particulièrement rythmée. Médée, à jamais victime de l'incapacité de Jason à lui reconnaître sa place (son identité), nie jusqu'à l'identité de ses propres enfants, dont elle juge pouvoir disposer jusqu'à la mort. Leur identité est niée au profit du maintien de la sienne. Enfin Médée, identité victimaire par excellence, laisse le déni de reconnaissance devenir sa propre identité. Combien cette problématique aussi universelle qu'intemporelle de la victime en manque permanent de reconnaissance est-elle toujours d'actualité dans les familles et dans notre société ? Le pendant masculin de Médée, Cronos, pour qui la descendance est une perte ontologique, une menace identitaire, dévore ses enfants à l'instant même de leur naissance.

À l'échelle individuelle

Combien passent à côté de leur vie de peur de ne pas correspondre à l'identité attendue ? Les pathologies du XXe siècle sont principalement identitaires : « Le sentiment de n'être plus rien ni de nulle part, le vertige devant son propre vide sont le prix à payer pour une certaine manière d'exercer la propriété de soi », rappelle Marcel Gauchet[1]. La dépression est la maladie majeure du dernier tiers du XXe siècle, montre quant à

1. M. Gauchet, *La Démocratie contre elle-même*, Gallimard, p. 256.

lui Alain Ehrenberg. En 1800, dit-il, la pathologie mentale était assimilée à la folie, car la raison définissant l'esprit humain, le moindre trouble mental était associé à une maladie de la raison. Au XIXe siècle, la pathologie mentale fut comprise non plus comme folie, mais comme névrose, c'est-à-dire comme un conflit lié à la culpabilité de l'individu enclin à s'affranchir des normes et des interdits sociaux, l'empêchant de vivre sa propre vie et d'assumer son identité. Puis, au cours des années 1970, le contexte normatif assouplit les normes hétéronomes, les interdits, et institue progressivement le culte du sujet émancipé, du « devenir soi ». C'est pourquoi, la pathologie mentale dominante n'est plus la folie ni la névrose, mais la dépression, comprise comme la maladie d'un individu affranchi des impératifs normatifs, et seul face à lui-même : « La dépression apparaîtra non comme une pathologie du malheur, mais comme une pathologie du changement, celle d'une personnalité qui cherche à être seulement elle-même[1]. » Tant que la norme est souveraine, la maladie dominante est la névrose, affection du conflit, de la culpabilité, de l'interdit, de la « loi » dit Alain Ehrenberg. Dès lors que l'individu s'émancipe des normes et devient son propre but, la pathologie correspondante n'est plus celle de la loi, mais celle du « soi ». La dépression est la maladie de l'individu autonome qui n'a plus de norme extérieure de référence pour lui indiquer ce qu'il est bon ou non de faire. L'individu souverain se sent alors « incertain[2] » puisque c'est à lui seul que revient la tâche d'élaborer son propre chemin de vie. « La dépression peut être

1. A. Ehrenberg, *La Fatigue d'être soi*, Odile Jacob, 2000, p. 20.
2. D'après le titre d'un ouvrage d'A. Ehrenberg, *L'Individu incertain*, Calmann-Lévy, 1995.

considérée comme l'envers exact de cette étrange passion d'être semblable à soi-même, de ne plus s'identifier[1]. » L'identification (aux normes comportementales et sociales) est remplacée par l'identité (personnelle), générant éventuellement des dépressions car l'individu a beau évoluer vers plus d'émancipation, les contraintes ne disparaissent pas pour autant. D'impératifs sociaux et de normes externes, les contraintes deviennent pesanteurs psychiques et pressions internes pour l'individu moderne sans cesse appelé à être lui-même.

Force est donc de constater que l'identité, à l'origine de bien des conflits, externes, internes et intimes, est une dynamique qui s'explique structurellement et, une poursuite malheureuse qui s'impose progressivement. Malgré cette réalité qu'on ne peut que partager, notre société persiste dans la quête identitaire, au point d'apparaître plus que jamais sous l'emprise de l'idéologie identitaire.

1. A. Ehrenberg, *La Fatigue d'être soi*, *op. cit.*, p. 173.

2

Quand l'identité devient idéologie

> « L'ambition d'être [...] un homme juste et utile à tous, n'entraîne pas d'adversaires à anéantir. »
>
> Friedrich NIETZSCHE

Le nouvel ordre identitaire

Certains n'ont vu dans le déploiement identitaire qu'un fait propre aux campus américains, mais de fait, les comportements que l'on croyait circonscrits aux universités outre-Atlantique se répandent à toute vitesse dans notre pays. Repentance, affichage identitaire, obsession communautaire, discrimination positive, « cancel culture », mise en quotas, espaces réservés aux *safe spaces* s'imposent et se généralisent au point de devenir une redoutable *idéologie*, au sens propre du terme : la logique découlant d'une idée et à partir de laquelle toute la réalité est repensée.

Une déconstruction héritée

L'idéologie identitaire qu'on appelle wokisme soutient que les identités sont des constructions sociales qui peuvent, parce que construites, être déconstruites et pensées autrement. L'idée centrale, directement issue du courant structuraliste, est que la société est formée de structures, de systèmes de pouvoir faisant de l'individu un produit façonné par leurs discours. L'enjeu consiste alors à déconstruire ces discours au profit d'une revalorisation individuelle. Parmi ces discours dominants, l'universalisme serait, dans cette logique, un racisme ou un sexisme déguisés, un mensonge de la part du monde occidental pour occulter la diversité des minorités et les injustices qu'elles subissent. L'universalisme des Lumières avait cela de grand qu'il soumettait les signes identitaires individuels aux principes de droit républicains. L'identité s'effaçait derrière l'égalité, la liberté, la fraternité. Or l'idéologie woke voit dans l'indifférenciation propre à l'universalisme une négation identitaire. Ne pas prendre en compte les différences au nom d'un idéal humaniste (l'égalité) s'est progressivement compris comme un déni des identités et comme une reconduction tacite d'inégalités. En conséquence de quoi, les communautarismes, par réaction identitaire revendicatrice, prospèrent et se multiplient, dans la plus rigoureuse intransigeance.

Une reconstruction radicale

Si les idéologies identitaires se réclament de la déconstruction, force est de constater qu'elles ne mènent en réalité qu'à une reconstruction identitaire édifiante. Ainsi s'implantent à l'université – à la place des disciplines traditionnelles considérées comme des formes cachées de domination à déconstruire – des *studies*, nouveaux découpages académiques centrés sur des sujets d'étude liés à l'identité sexuelle ou raciale.

La théorie du genre, qui entend abolir les distinctions du masculin et du féminin – pures constructions sociales arbitraires qu'il serait bon de déconstruire pour permettre à chacun de définir sa propre identité sous le signe de l'autodétermination – ne fait que créer de nouvelles identités. Puisque ce n'est plus le sexe qui détermine l'identité mais la volonté, les identités ne sont pas réduites à deux possibilités biologiques (masculin, féminin), mais deviennent multiples et toutes possibles. De fait, de nouvelles divisions genrées sont sans cesse ajoutées au sigle « LGBTQI+ », afin que chaque identité soit équitablement représentée. Nous voyons bien que la déconstruction des identités sexuées traditionnelles est une reconstruction de nouvelles identités toujours plus nombreuses, car toujours plus spécifiques. Parmi ces nouvelles identités, et à force d'hyperspécification, certaines en deviennent inconséquentes. Pour les féministes woke les plus vindicatives, les homosexuelles nées femmes sont privilégiées par rapport aux autres femmes (qui peuvent avoir des pénis), puisqu'un homme se sentant femme est femme pour l'idéologie identitaire. Les sexuées femmes sont privilégiées par rapport aux genrées femmes. Conséquence : les femmes avantagées devraient faire des efforts pour s'amouracher de femmes genrées mais pas nécessairement biologiquement femmes. De telle sorte que la situation devient pour le moins paradoxale puisque les homosexuelles devraient accepter de coucher avec des femmes ayant un pénis, autrement dit avec des hommes (qui se sentent femmes) ! Ne pas accepter ce raisonnement revient à faire preuve de préférences sexuelles discriminatoires selon les féministes les plus différentialistes. Refuser un tel raisonnement fait basculer les femmes dans une classification identitaire d'un nouveau genre (c'est le cas de le dire) : *trans-exclusionary radical feminist* (« terf »), décrivant une énième identité, celle des femmes homosexuelles ne désirant pas de relation avec des femmes biologiquement hommes !

Les penseurs des *disability studies*, qui refusent de percevoir le handicap comme quelque chose d'individuel, mais comme un concept imposé par une société malveillante, créent eux aussi une nouvelle catégorie identitaire : les « validistes » ou « les normés », pour qui il y aurait une norme physique qui dissimulerait une volonté d'éradiquer les handicapés (et pas seulement le handicap, distinction qu'ils brouillent).

C'est dans cette même logique que les thuriféraires identitaires déconstruisent des œuvres pour en créer de nouvelles. Peu importe l'intégralité de l'œuvre et le travail de l'artiste, ils s'autorisent à corriger les titres, supprimer des passages, changer la fin des opéras, du moment qu'ils substituent à la création d'un artiste celle qu'il aurait dû produire conformément aux sensibilités identitaires des minorités. C'est dire que la pièce, le tableau ou le roman n'ont plus de valeur en eux-mêmes, par eux-mêmes, et que l'intention de l'artiste est secondaire par rapport aux réactions identitaires que son œuvre peut susciter.

La langue est également reconstruite à travers l'écriture inclusive. Ce ne sont plus les idées qui font l'objet du discours, mais l'identité des personnes qui les expriment. Le *New York Times* a revendiqué en juin 2019 que le mot *black* porterait dorénavant une majuscule et *white* une minuscule, par respect pour l'histoire de l'identité noire. La langue inclusive fait même son entrée dans les textes de la messe. Depuis l'avent 2021, la formule « mes frères » a été remplacée par « mes frères et sœurs », certes plus égalitaire, mais encore binaire ! La Lufthansa a annoncé quant à elle, au cours de l'été 2021, qu'elle abandonnait les formules binaires pour un discours plus inclusif encore s'adressant aux voyageurs dans toute leur diversité. « Chers passagers », neutre à l'oral, remplacera le traditionnel « mesdames et messieurs ». Cette expression vise à englober les identités non binaires et transgenres insuffisamment représentées dans le langage courant. On comprend bien que les idéologies identitaires, par des formules indifférenciées, cherchent moins à dépasser et déconstruire les identités traditionnelles qu'à affermir et spécifier les moindres différences au point de faire de chaque particularisme une nouvelle identité.

L'entreprise, cherchant elle aussi à déconstruire ne fait en somme que reconstruire, en mettant en place de nouvelles fonctions, de nouveaux services, de nouvelles formations anti-racistes, néo-féministes, sans parler du recours accru aux cabinets de conseil spécialisés en thématique identitaire, officines les mieux pourvues en inquisiteurs professionnels et en sermonneurs de la moindre réticence. Les entreprises s'enorgueillissent de ces nouveautés « inclusives », au travers desquelles elles voient la preuve de leur bonne conscience, de leur assurance morale et de leur responsabilité sociétale, tout en refusant de reconnaître qu'au nom de la déconstruction elles ne font qu'édifier de nouveaux labels identitaires.

La contradiction fondamentale et inhérente à toute déconstruction est qu'il faut bien des catégories (des constructions donc) pour défendre les opprimés contre les oppresseurs. Aussi la déconstruction est-elle inévitablement une reconstruction.

Sous couvert de tolérance, d'égalité et d'inclusion, la déconstruction n'est souvent que la construction d'un nouvel ordre moral, revêche et intransigeant, en marche dans toutes les sphères de notre société. Quelques tentatives pour contrer l'expansion de cette mouvance ont vu le jour ces dernières années, mais la majorité des réactions s'en tiennent souvent à une forme de ridiculisation ou d'indignation en mal d'argument. Comprendre cette mouvance identitaire – qui peut parfois, dans certains cas, se révéler justifiée – ne signifie pas pour autant lui accorder d'emblée toute légitimité. Toutes les luttes identitaires ne sont pas illégitimes en soi. Il ne s'agit pas ici de mettre en doute la justesse des causes défendues par ces nouveaux militants, et notamment le combat contre les discriminations fondées sur le sexe ou la catégorie ethnique. Quand bien même ces discriminations sont prohibées par la justice, leur persistance dans la réalité demeure. L'enjeu est donc de savoir comment ne pas se soumettre aveuglément à ces militantismes identitaires et comment faire la part des choses entre la défense juste et l'idéologie intransigeante.

L'égarement idéologique

Il ne s'agit pas de minorer la détresse des hommes et des femmes qui se sentent éloignés de leur identité, pas plus que de minimiser les difficultés des homosexuels, des trans, des racisés à vivre une vie ordinaire, et encore moins de nier la persécution dont certaines catégories ont été victimes et continuent de l'être. Il s'agit de voir en quoi les moyens utilisés par les mouvements identitaires font de leur lutte une supplique idéologique conduisant à des sophismes, des erreurs de tonalité, des dérives dogmatiques, du radicalisme moral. Aussi, un véritable travail d'analyse s'impose, ayant pour but de déjouer les infractions de la pensée, les négligences langagières et les confusions de sens sur lesquelles cette nouvelle construction identitaire prend appui et se propage. C'est parce que l'évolution de ces métastases idéologiques qui sentent bon la vertu est grandissante qu'en déjouer immédiatement les rouages avant leur généralisation aveugle et adoption définitive s'impose. C'est parce que résonne derrière ce militantisme moins une exigence de justice qu'un désir de vengeance, moins un souci d'ouverture qu'un réflexe identitaire étriqué, qu'en dénoncer les incongruités et en signaler les dérives à l'aide d'une argumentation loyale est nécessaire.

L'intolérance

La demande de considération, de respect, de tolérance et d'ouverture évangélisée par ces mouvements identitaires se transforme souvent en déclaration de guerre. Rester soucieux et vigilant de toute forme d'injustice raciale et sociale est une chose, militer pour une traque moralisatrice en est une autre. Si ce nouveau militantisme se référait seulement au fait d'être conscient des injustices et des systèmes d'oppression pesant sur les minorités, l'intention serait noble, la cause juste, et l'avenir prometteur. Mais l'enfer étant pavé de bonnes intentions, nous assistons plutôt à la construction d'un nouvel ordre identitaire retournant les institutions, les entreprises, l'art, l'écriture, le cinéma, la littérature, l'opéra en organismes de bienfaisance, tout en érigeant le ressentiment en idéal humaniste et l'histoire en vieux monde bourré de malédictions qu'il serait bon de précipiter dans les ténèbres. Un tel moralisme identitaire cherchant à faire de chacun de ses apôtres des gendarmes vertueux communiant dans une bonne conscience confite et se parant d'une légitimité existentielle des plus flatteuses n'a aucune chance de durer. Rendre cette mouvance pérenne supposerait de ne pas en faire un ordre moral, la morale se fait systématiquement détrôner par une soif de liberté à un moment donné de l'histoire.

L'illégitimité

Exiger toujours plus de sensibilité et de nuance s'accorde mal avec la radicalité dont font preuve les missionnaires du bien. Les défenseurs d'une minorité auraient-ils d'emblée assez de droiture personnelle pour ne pas juger en fonction de leurs intérêts ou des pressions de leur communauté ? Le risque que ces vigies finissent par agir avec fanatisme et dogmatisme est là. À se vouloir émancipateurs, certains finissent censeurs, prenant la vigilance comme alibi, traquant les discours qui ne comportent pas de termes injurieux mais qui pourraient cacher des discours haineux, et réduisant au silence ceux qui les prononcent. Comment demander l'ouverture en étant si fermé ? Comment la revendication de l'expression libre peut-elle avoir pour effet d'empêcher certains de parler ? Refuser de discuter d'une opinion qu'on réprouve est légitime, mais interdire à ceux qui la défendent de pouvoir l'exposer ne l'est pas.

La vanité

Les traques aux offenses sont vaines, car infinies. Si les actes et expressions clairement sectaires et racistes sont facilement repérables et condamnables, jamais aucune loi ne pourra recenser de manière exhaustive tout ce qui est offensant et relevant de la « micro-agression » dans l'étendue des opinions émises. Même si un questionnement moral peut être légitime, l'assainissement moralisateur auquel nous assistons s'avère aussi rebutant dans sa forme que vain sur le fond. L'heure est donc à la vigilance face à cette traque identitaire, érigeant la repentance en programme et la contrition en idéal.

Le confusionnisme

Tout l'argumentaire identitaire s'écroule dès lors qu'on y décèle trois confusions majeures sur lesquelles reposent la plupart des prêches identitaires.

- Offense et préjudice

À ressentir chaque offense comme un préjudice, aucune vie ensemble n'est possible. Comment concevoir un espace de dialogue commun et durable dans lequel les gens seraient exonérés de toute offense, de tout dérangement ? Vivre ensemble c'est se frotter les uns aux autres, avec les risques de vexation, d'humiliation, d'offense, de « micro-agressions » propres à la vie en commun et qui n'ont rien à voir avec une atteinte directe à l'intégrité de la personne. Si la susceptibilité est exacerbée à ce point, c'est qu'elle fait de toute offense un préjudice et de toute discussion un affront identitaire. Exiger que chaque point de vue ne heurte en rien l'adversaire dénature le langage comme moyen d'expression libre et personnel. Définir les limites nécessaires à la liberté d'expression comme le fait la loi est un droit, imposer des restrictions qui tendent à rendre le langage conforme à des revendications particulières n'en est pas un.

Cette confusion est particulièrement à l'œuvre dans le néo-féminisme. Pour certaines de ses représentantes, la galanterie, le regard masculin appuyé ou le sifflement dans la rue sont des préjudices à l'intégrité de la femme insuffisamment reconnue pour ce qu'elle est (un sujet). Pour d'autres femmes, ces gestes sexistes ne sont que des hommages, au pire des offenses. Là encore, définir des limites strictes aux comportements préjudiciables est un droit, imposer des restrictions qui tendent à rendre tout comportement conforme à des appréciations particulières n'en est pas un.

• Pouvoir et capacité

L'ambition de ces mouvements a toujours pour finalité de pouvoir (être plus considérés, plus reconnus, plus libres, plus égaux, etc.). Or une confusion sur le verbe « pouvoir » semble sans cesse à l'œuvre.

Pouvoir désigne à la fois la puissance d'agir, la capacité à faire quelque chose, et aussi l'autorisation, la levée d'une interdiction. *Pouvoir* suppose une double condition : être autorisé à le faire et en être capable. Or il semble que la quête identitaire confonde ces deux acceptions du mot, faisant comme si la levée de certains interdits ou de certaines contraintes entraînait automatiquement une force d'agir, une puissance individuelle et collective. Or il ne suffit pas de lever les interdits pour pouvoir être ou agir ! Encore faut-il être capable de la responsabilité que tout acte libre implique. C'est un confort pour l'ego que de croire que tout ce qui est hors de portée provient d'un interdit et non d'une incapacité. La liberté d'agir, la levée des interdits sont certes nécessaires et on ne peut que s'y associer, mais cela n'engendre aucune puissance d'agir. Ce n'est pas parce que j'ai *l'autorisation* de conduire que je suis *capable* de conduire. Ce n'est pas parce que j'ai *l'autorisation* de m'exprimer que je *sais* parler et convaincre. Supprimer une contrainte n'enrichit pas d'une force. La possibilité ne fait pas d'emblée la capacité. Si en France, au XXIe siècle, une femme n'est empêchée de rien en droit (possibilité), elle n'est pas pour autant toujours libre dans les faits (capacité d'agir). Cette confusion occulte par exemple les vrais problèmes des femmes, plus existentiels et capacitaires que statistiques et réglementaires. En effet, ce que les néo-féministes ne voient pas – ou ne veulent pas voir –, et ce que les femmes encore prisonnières de bien des carcans ne parviennent pas toujours à résoudre, ce n'est plus un problème de droit et de possibilité, mais celui d'une capacité à changer de perspective sur elles-mêmes. Pour bon nombre de femmes, la féminité, parfois stéréotypée, est encore constitutive de ce qu'elles sont, y renoncer revient à diminuer leurs chances de séduction. « Pour plaire, il leur faut abdiquer[1] », dit Beauvoir, et les femmes le savent et l'entretiennent. Soit elles choisissent de plaire aux hommes et abdiquent de leur autorité de sujet, soit elles s'affirment en tant que sujets, mais parfois au détriment de leur force de séduction. Comment me réaliser en tant que femme et m'accomplir en tant que sujet ? Tel est l'ardu dilemme qui fait encore osciller la femme de la liberté à la soumission identitaire. Quand la femme osera cette délivrance, quand sa volonté de se libérer de la féminité stéréotypée l'emportera, elle aura conquis sa pleine liberté. Mais souvent la peur de déplaire, les intérêts de confort social ou le confort

1. S. de Beauvoir, *Le Deuxième Sexe*, t. II, Gallimard, 1986.

d'identités admises l'emportent et la poussent à se chosifier et à « jouer » la femme. Le défi d'une émancipation plus grande par rapport aux codes de la féminité, impliquant non pas une possibilité mais une capacité plus franche à se libérer des stéréotypes, reste trop souvent secondaire dans les combats néo-féministes. Or c'est un des vrais enjeux pour la femme aujourd'hui encore.

Cette confusion sur le « pouvoir » permet de comprendre également pour quelle raison les hommes qui, dans une bienveillance compréhensive, se disent féministes sont parfois irritants pour bien des femmes. C'est qu'ils thématisent le possible, le principe d'égalité abstraite et se situent en droit. Mais la femme, ancrée dans sa réalité, sait combien il ne voit pas les inégalités quotidiennes qui rendent non comparables leurs deux situations de vie.

Réduire la capacité à l'autorisation est une des erreurs conceptuelles majeures des luttes identitaires, focalisées sur le possible et éloignées des conditions réelles d'accomplissement.

- Être et devenir

Une troisième confusion majeure et commune à ces mouvements identitaires repose sur le verbe « être ». Ce mot regroupe deux acceptions, sur lesquelles jouent avec mauvaise foi ces mouvances qui donnent une valeur substantielle au verbe quand son sens est dynamique, et à lui donner un sens dynamique quand il est substantiel. *Être* ce n'est pas toujours *être en soi*, c'est aussi *être devenu*. Il y a en chacun de nous un être *historique* et un être *substantiel*. Si les femmes ou les personnes racisées se disent aujourd'hui encore inférieures aux hommes et aux Blancs, c'est que leur situation n'est pas toujours identique, mais certainement pas qu'elles sont considérées comme des êtres *substantiellement* inférieurs par les hommes ou par les Blancs. Prendre le verbe « être » dans son sens substantiel alors qu'il ne peut avoir en France, en 2022, qu'un sens dynamique permet l'accusation de racisme ou de sexisme systémique et la victimisation permanente. C'est faire d'une diminution substantielle, erronée et dépassée, une revalorisation identitaire. Aussi est-il aisé de comprendre pourquoi ces mouvances préfèrent barboter dans cette confusion ontologique accommodante.

À l'inverse, refuser le sens substantiel au profit du seul sens dynamique est un rejet du réel, que l'on voit également régulièrement à l'œuvre dans les idéologies identitaires. Prenons l'exemple des théories du genre poussées à l'extrême. Dénier comme elles le font l'existence substantielles de la femme ou de l'homme revient à nier le réel – posture qui, loin d'être une libération, n'est qu'une fuite. « Aucune femme ne peut prétendre sans mauvaise foi se situer par-delà son sexe[1] », écrit Beauvoir. « Tout être humain concret est toujours singulièrement situé[2] », ajoute-t-elle. Il y a un monde entre ne pas faire du biologique et du substantiel un déterminisme et nier le biologique et l'être-substance. Refuser que ces réalités biologiques que sont l'homme et la femme soient déterminantes quant au devenir est une chose, rejeter les réalités au point de nier les différences substantielles en est une autre.

Une antipathie chronique

L'idéologie identitaire a quelque chose d'antipathique, car ses bons sentiments apparents ne sont

1. S. de Beauvoir, *op. cit.*, t. I, Gallimard, 1986.
2. *Ibid.*

souvent que haine dissimulée. Pensons à certaines néo-féministes qui semblent moins guidées dans leur exaspération par l'amour des femmes que par la haine des hommes. La violence de leurs assauts, de leur langage, de leur attitude trahit une vigilance idéologique moins au service de la liberté des femmes que de la condamnation des hommes. Or dresser la liste des choses mauvaises et de ce que font mal ou pas les hommes ne dit rien des choses bonnes à accomplir pour les femmes. Donner à voir le bon ne se fait pas seulement en dénonçant son inverse. C'est ce que Nietzsche dénonçait par l'idée de « force réactive ». Un « oui » qui ne prend de consistance que par l'énergie d'un « non » n'est que le fin mot du ressentiment[1]. C'est pourquoi bon nombre de femmes et de féministes ne se reconnaissent pas dans l'autorité brutale et la franchise hargneuse du néo-féminisme. Suggérer le positif par la seule démonstration du négatif est un procédé vain et éprouvé. Cette technique n'a jamais suffi à convaincre, encore moins à séduire, car rien de positif ne ressort du négatif en tant que tel. Si Montaigne avait bien compris les critiques des hommes à l'égard des femmes pour s'autojustifier – « il est plus facile d'accuser un sexe, que d'excuser l'autre », disait-il –, nous pourrions aujourd'hui retourner la proposition : il est plus facile pour les néo-féministes d'accuser les hommes que de questionner leurs propres capacités d'action pour la liberté des femmes.

Le paradoxe est à son comble quand on réalise que les néo-féministes les plus vindicatives réitèrent à travers

1. Le même procédé est à l'œuvre avec certaines mouvances écologistes jusqu'au-boutistes, qui présentent l'écologie comme une grande refusante. Mais jamais le « bien » présenté comme une restriction de ce qui est « mauvais » ne saura séduire ni convaincre.

leur antipathie envers les hommes, un des archétypes sexistes les plus éculés, celui de la femme castratrice. Chez la mante religieuse autour de laquelle s'est cristallisé le mythe de la femme castratrice, l'insecte tue le mâle. La volonté de castrer les hommes, de détruire tout commerce avec eux, de refuser l'existence de ce qu'ils peuvent produire ne fera jamais avancer la cause des femmes, mais montre plutôt que les revendications identitaires néo-féministes sont bien plus liberticides pour les hommes que libératrices pour les femmes et tombent dans les clichés sexistes les plus éprouvés. Soutenir l'émancipation de la femme, résister et rester vigilant face aux injustices persistantes – sans soumettre sa liberté de conscience à l'intolérance militante de celles qui en ont perdu manifestement le goût – serait l'enjeu du véritable féminisme, partisan de la liberté des femmes et réfractaire à la servitude des hommes. Les néo-féministes sont donc antiféministes si on entend par féminisme le mouvement universaliste et libérateur qui excède les différences sans jamais tomber dans l'acrimonie.

Soumission progressive

Face à ces discours qui gangrènent toutes les sphères de notre société – économique, politique, artistique, universitaire, sportive, culturelle – nous ne faisons que nous soumettre progressivement. Une impuissance généralisée se ressent, en particulier en France, face à ces mouvements dont on n'ose pas ou ne sait pas affronter les idées et prévenir les dérives. Cela est dû à plusieurs facteurs.

Une anticipation insuffisante

Le premier est lié à notre incapacité à anticiper l'ampleur que prend un phénomène venu des États-Unis. Il est toujours une période au cours de laquelle les Français regardent avec une supériorité satisfaite la mode américaine. Peu à peu l'attitude change et, d'abord moqueurs, nous finissons, suiveurs, par emboîter le pas aux Américains. La discrimination positive qui paraissait ridicule et contraire à l'idée républicaine d'égalité est entrée dans nos mœurs en seulement quelques années. Le développement personnel, issu des pays anglo-saxons, est devenu le succès que l'on connaît. Défendre les minorités et les identités multiples à travers la « cancel culture », le wokisme, l'inclusion, l'antiracisme, le genre, sont les nouveaux préceptes.

Un manque de courage intellectuel

Une chose n'est pas négligeable dans l'incapacité que nous avons d'oser remettre en question cette orthodoxie diversitaire : le manque de courage intellectuel. Oser l'affrontement revient à se voir immédiatement disqualifié par les gendarmes de la bien-pensance. Il demeure en effet difficile à titre individuel de critiquer certaines valeurs dites progressistes bénéficiant d'une incontestable prééminence morale jusqu'à constituer la nouvelle conscience collective. S'y opposer c'est se voir mis au ban de la pensée moderne, et qualifié de réactionnaire ou d'intolérant. Or, dans notre pays, tous les moyens sont bons pour ne pas heurter. Notre vieille honte colonialiste et notre gêne capitaliste persistante font que notre pays aime se confondre en excuses morales et en repentances vertueuses. C'est pourquoi nous constatons un laxisme français systémique, qui consiste à concéder du terrain au nom de la tolérance et de l'égalité, alors que les mouvements identitaires ne peuvent interpréter ces concessions que comme des signes de faiblesse et de recul de la part des institutions.

Une pauvreté argumentative

Ce manque de courage est renforcé par une pauvreté argumentative. Faute de moyens, nous nous réfugions dans l'allégeance. Faute d'arsenal conceptuel et de munitions langagières, nous cédons à ces nouvelles manières d'envisager le monde. La carence en distinctions et en nuances ne permet pas de désarmer les amalgames, les confusions, les analogies, responsables de l'étendue et de l'acceptation de ces idéologies identitaires. En mal d'arguments suffisamment aiguisés, nous tombons vite dans l'invective, la revendication de dissidence ou la neutralité. Mais dénoncer le dogmatisme ou la décadence de notre époque ne suffit pas. Les grandes faiblesses des critiques actuelles au sujet des mouvements militants modernes sont le déni ou le dénigrement. « Ils exagèrent », ou « c'est n'importe quoi » sont tout sauf des arguments. Il est frappant de voir que les contestations sont moins animées par un effort de lucidité que par une volonté de rabaisser, qui obscurcit la réalité du problème identitaire. Si la majorité des récalcitrants ne tombent pas dans la halte méprisante, nombreux sont ceux qui choisissent la neutralité. Mais « qui dit neutre, dit impuissant[1] », disait Victor Hugo. La neutralité fait passer la faiblesse pour

1. V. Hugo, *Histoire d'un crime*, II, 7.

de la tolérance, l'incapacité à répondre pour un gage de contrition, et n'est au fond que le symptôme d'une faillite intellectuelle, d'un krach de la pensée.

Quand il s'agit d'assurer la protection des minorités contre les abus de la majorité afin d'assurer le maintien respectueux de leurs caractéristiques, cette prise de conscience et les actions qui en découlent sont légitimes et nécessaires. C'est pourquoi il est impératif que toute discrimination raciale ou sexiste soit sanctionnée. Il est évident que la palette des différences identitaires doit être représentée. Les Blancs n'appréhendent pas les problématiques raciales de la même manière que les gens de couleur, les hétérosexuels ne ressentent certainement pas avec la même sensibilité ce dont les homosexuels ou transgenres souffrent encore. Les normes communes restent sans cesse à questionner, car certains codes sont en effet des formes de pouvoir insoupçonnées ne prenant en compte que la situation des plus favorisés sans égard pour les plus défavorisés. Les torts faits à autrui ne sont pas toujours visibles et ne pas pouvoir les caractériser ne suffit pas à en douter. C'est pourquoi nous devons nous sentir interpellés par ce qui ne nous concerne pas. Une « pensée élargie » s'impose, une pensée dont Kant dit qu'elle doit se décentrer de la clôture de sa singularité. Frotter son entendement à celui des autres, repousser les limites de son propre point de vue, est le meilleur moyen de gagner en objectivité, en justice et en justesse. Si, d'un côté, élargir ses cadres de pensée est une éthique intellectuelle, la façon dont, de l'autre, les scouts de la bien-pensance pratiquent réclamation, réquisitoire et repentance identitaire est contre-productive. L'identité devient une occasion de censure, une menace liberticide face à laquelle nous restons pour le moment impuissants. Voilà notre démocratie désormais confrontée à défendre la liberté non plus contre un ennemi despotique, une tyrannie ou un impérialisme, mais contre l'usage liberticide de l'identité. Alors comment préserver au mieux la liberté du mésusage de l'identité ? En congédiant le concept inopérant d'identité.

3

Une aporie conceptuelle

« L'identité est absolument indéfinissable. »

Edmund HUSSERL

Questionnons maintenant la cohérence philosophique du concept, car si celui-ci s'avère inopérant, toute quête identitaire et idéologie s'effondrent par principe. Il suffirait de l'anéantir pour annihiler ses adeptes ! Ainsi, privilégier les critiques qui touchent à la seule cohérence philosophique du concept vulnérabilise au maximum la notion en l'exposant aux attaques les plus puissantes. Cette technique permet de voir si, malgré les objections, quelque chose du concept critiqué résiste, prouvant éventuellement sa valeur philosophique et sa persistance dans la réalité.

Les contradictions de l'identité

L'identité reste un concept mobilisateur que l'on se plaît à invoquer alors qu'il ne permet jamais de répondre à la question de la singularité qu'il est pourtant censé résoudre. Cette impuissance est d'abord liée à la permanence que l'identité suppose. La permanence est impossible pour un être nécessairement soumis, comme tout être, au devenir. Cette impuissance est également liée à son appréhension qui ne peut se faire que par généralisation. Or la généralisation s'oppose à la singularité que l'idée d'identité contient.

La permanence

Chercher une identité revient à chercher ce qui demeure, ce qui reste identique, en un mot le même. Or il n'y a que trois façons de penser le même. La première consiste à poser un rapport d'égalité : A = A. L'identité est alors une « mêmeté » numérique. On peut également évoquer la « mêmeté », non pas numérique, mais qualitative : si deux choses sont identiques, si elles ont suffisamment de qualités communes, c'est qu'on peut les substituer l'une à l'autre. Ces deux critères ne sont toutefois pas suffisants pour définir l'identité. Les différences et les dissemblances que le passage du temps entraîne sur un même être n'autorisent pas la réduction de l'identité à son acception numérique ou qualitative. Entre le bébé que j'étais et l'adulte que je suis, aucune identité numérique (identification parfaite) ni aucune identité qualitative (substitution) ne sont possibles. Qu'est-ce qui va alors permettre de mieux rendre compte d'une identité ? C'est là qu'il faut ajouter un troisième critère, celui de la continuité dans le temps. Seule la permanence dans le temps peut nous faire croire à l'identité, à la continuité ininterrompue d'un pays, d'un lieu, d'un être, à sa continuité ininterrompue. C'est pourquoi poser la question de l'identité revient systématiquement à convoquer la notion de permanence.

La permanence suppose l'idée de « mêmeté » par-delà les changements que le temps opère. Chercher qui est untel ou qui je suis revient à chercher ce qu'il y a en moi ou en l'autre de permanent, de résistant, de stable, de fixe, malgré le passage du temps et les altérations de la vie. Mais chercher une permanence revient à nier la vie qui n'a de permanent que son impermanence. Un être vivant, un être humain, tout ensemble organisé – même un objet matériel – n'est jamais identique à lui-même du fait de sa soumission inévitable à la temporalité. Tout ce qui *est* étant temporel, rien ne peut être saisissable par une permanence. Aussi, à vouloir poser une permanence, l'identité est-elle tout simplement inopérante, impuissante et inefficace.

La généralisation

Trouver un invariant : une permanence qui puisse définir une identité ne peut se faire que par catégorisation et donc généralisation. Que je sois blanche, femme, avocate, pharmacienne, française, jeune, âgée, hétérosexuelle, ou noire, peu importent les critères, jamais aucune de ces catégories n'atteindra ma singularité puisqu'elle est générique par nature. Chercher ce qu'est la France équivaut à trouver des termes à propos desquels tout le monde s'accorde. Mais que la France soit belle, incomparable, décadente, européenne, républicaine, ou autre… quels que soient les mots auxquels on la rattache, ces derniers restent généraux, communs, partageables et donc impersonnels. Or l'identité est par définition, nous le répétons, singulière et personnelle. Voilà pourquoi la question de l'identité « qui », conduit immanquablement à une aporie, puisqu'elle ne peut se résoudre que par la réponse « quoi », appelant une généralisation catégorielle à l'opposé de l'identité d'un être, par définition singulière. « Bref, nous dit Bergson, le mot aux contours bien arrêtés, le mot brutal, qui emmagasine ce qu'il y a de stable, de commun et par conséquent d'impersonnel dans les impressions de l'humanité, écrase ou tout au moins recouvre les impressions délicates et fugitives de notre conscience individuelle[1]. » Les mots, les critères, sont des points d'appui pour notre intelligence qui cherche l'assurance et la sécurité mais ne permettent en rien de saisir une singularité, une originalité.

Pour résumer, chercher une identité revient à chercher le même. Chercher le même revient à chercher un invariant. Chercher un invariant revient à chercher une stabilité. Or toutes les choses de la vie sont soumises à l'altération temporelle. En outre, définir une identité revient à catégoriser, en un mot à généraliser. Or l'identité, la spécificité, la singularité est l'opposé du général. L'identité est donc introuvable dans la réalité. « On ne se baigne jamais deux fois dans le même fleuve », disait bien Héraclite. Pourtant, nous pensons que le fleuve reste le même fleuve, car les changements partiels d'une chose n'empêchent pas jusqu'à un certain point qu'elle demeure en tant que chose. Alors qu'est-ce qui assure ce maintien identitaire et pourrait sauver ce concept ?

---

1. H. Bergson, *Essai sur les données immédiates de la conscience*, Puf, coll. « Quadrige », 2003, p. 98.

L'introuvable attribution

L'identité : un corps ?

Ce qui fait que l'on se reconnaît ou que vous me reconnaissez tient avant tout dans notre corps. Il n'est pas concevable de penser qui ni quoi que ce soit sans réalité physique. L'identité d'un individu se fait donc naturellement par son corps.

Mais cette condition nécessaire n'est toutefois pas suffisante pour rendre compte d'une identité. Comment définir l'identité par le corps, puisque le corps évolue en permanence ? Entre l'enfant que j'étais et l'adulte que je suis, mon corps n'a plus rien à voir et c'est pourtant le même. Alors à partir de quel seuil conviendrons-nous qu'il ne s'agit plus du même être ? C'est toute l'énigme du bateau de Thésée : imaginons qu'on remplace toutes les pièces du bateau. Est-ce encore le même bateau alors que tout ce qui compose l'originel a changé ? Cela signifie que l'identité n'est pas séparable d'un corps, mais le corps (vivant et évolutif par essence) n'est pas suffisant pour répondre de l'identité. Identifier, c'est reconnaître la continuité de l'être en question, et cette continuité ne peut équivaloir au maintien (impossible) de ses parties constitutives. Donc le corps ne peut définir l'identité ni l'identité s'identifier au corps.

L'identité : une conscience ?

Ce qui fait l'identité, si ce n'est le corps, pourrait être la conscience. Seule la conscience fait la synthèse de toutes les informations que lui apportent les sens et donne une perception continue de soi. Pour que le sujet ressente quelque chose de continu, il faut une liaison extérieure à ce qu'il sent, sans quoi il se disperserait en une multitude d'états et de sensations disparates. C'est parce que l'individu peut se ressaisir par sa conscience, que l'idée d'un « soi » émerge, dit par exemple John Locke[1]. La liaison extérieure que permet la conscience unifie les états disparates de l'individualité, opère ce principe de synthèse, et procure le sentiment d'un « soi ».

Cependant, la conscience peut rencontrer des failles. En perdant conscience perd-on son identité pour autant ? Bien sûr que non. Deuxièmement, la conscience ne peut s'appliquer aux entités qui n'ont aucune réflexivité par elles-mêmes (un monument, un pays, une nation, etc.), mais seulement par les consciences qui les contemplent et dont on ne peut s'assurer de l'harmonie. Troisièmement, entre la réalité et la conscience que nous en avons, se glisse toujours un écart. La conscience est toujours une subjectivation de la réalité. Enfin, le retour vers soi-même qu'est la conscience divise l'unité que l'identité suppose. Se regarder comme *un* être, c'est devenir *deux*. La conscience suppose un point de vue sur le « moi » qui introduit d'emblée une division du sujet : celui qui agit ou ressent et celui qui analyse et observe. Cela ne signifie pas que la connaissance de soi ou des autres soit impossible, mais simplement que l'intellection n'est pas un moyen d'accès approprié. Or les démarches de développement personnel sont pour la plupart réflexives lorsqu'elles invitent les lecteurs à se représenter le « moi » qu'ils sont ou souhaiteraient être. C'est évidemment voué à l'échec puisque

1. Voir J. Locke, *Essai sur l'entendement humain*, livre II, chap. 27, § 9.

la représentation cherche une cohésion (coïncider avec soi-même), dont le moyen d'accès (la réflexion) relève de la division. Cela signifie que l'identité est, comme dit Charles Larmore, une « fin innotable » : on ne peut l'observer sans l'anéantir par l'exercice même de cette observation. Coïncider avec soi-même est une fin innotable, tout comme dormir est une fin innotable, puisque s'apercevoir qu'on dort suppose qu'on ne dorme pas. On pourrait rapprocher ce concept de ce que Jean-Paul Sartre nomme dans *Les Carnets de la drôle de guerre*, les « irréalisables », c'est-à-dire des événements qu'on ne peut vivre en les réfléchissant. Sartre prend l'exemple de « l'aventure ». Impossible, dit-il, de vivre une aventure si nous sommes dans la représentation permanente de chaque événement que nous vivons. Si nous pensons chaque moment comme porteur de sens pour l'avenir, nous ne sommes pas dans l'aventure, mais dans la prévision, qui est une forme de construction, de représentation, et donc à l'exact opposé de l'aventure, non construite et guidée par le hasard. Dans *La Nausée*, lorsque Roquentin se décide à écrire son journal, toute sa vie lui apparaît comme un récit, et il se met à romancer ce qui lui arrive. Il ne vit plus les choses, il les raconte, et Jean-Paul Sartre de conclure : « Il faut choisir : vivre ou raconter[1] ». L'identité tout comme le sommeil, le temps[2], l'aventure ou encore la vie sont des « irréalisables », non au sens où ils seraient irréels, puisqu'ils ont bien une existence propre, mais au sens où on ne peut avoir conscience de leur réalité au moment où

1. J.-P. Sartre, *La Nausée*, Gallimard, Paris, 1972, p. 63.

2. « Qu'est-ce donc que le temps ? Si personne ne me le demande, je sais. Si on me le demande **et que je veux l'expliquer**, je ne sais plus. » (trad. F. Boyer, POL, 2008).

on les vit. Soit on les vit, soit on les réfléchit. Pour toutes ces raisons, l'identité est inatteignable par la conscience. La conscience ne peut donc définir l'identité, ni l'identité se réduire à la conscience.

L'identité : une mémoire ?

Si la conscience n'assure pas l'identité d'un être, la mémoire le pourrait peut-être... Pour qu'il y ait continuité, il faut un principe qui retienne en soi l'instant précédent et fasse le lien avec l'instant suivant. Seule la mémoire a cette capacité, qui permet de rattacher des événements à un même être qui persiste malgré le flot de l'existence.

Néanmoins la mémoire peut aussi rencontrer des accidents qui l'interrompent. Un individu qui ne se souviendrait plus de sa petite enfance ou d'un épisode de sa vie aurait-il pour autant une identité amoindrie ? Ne serait-il pas malgré tout la même personne ? Comment définir l'identité par la mémoire, puisque celle-ci est sujette à des oublis, et qu'on ne peut se souvenir de tous les événements de notre vie ? Dans le cas de l'amnésie totale, l'individu ne sait plus rien de lui-même ; peut-on pour autant dire qu'il n'est plus la même personne que celle qu'il était avant l'accident ? La mémoire a ses intermittences et ses ruptures, sans que cela empêche la continuité d'un être. La mémoire ne peut donc définir l'identité, ni l'identité se réduire à la mémoire.

L'identité, une image ?

On se fait généralement une image de l'identité d'un pays, d'une famille, d'un être, d'un lieu. Mais l'image, là encore, ne peut jamais correspondre à l'identité véritable d'un être. La réalité n'est jamais ce que l'esprit peut en imaginer, car nous nous représentons les êtres et nous-mêmes indépendamment d'aucun lieu, d'aucun temps, dans une forme d'absolu, dans une intemporalité. Aucune contrainte de temps ni de lieu ne vient borner l'imagination.

Or rencontrer dans la réalité l'identité de ce que l'on avait imaginé ne peut se faire que dans le temps et l'espace, puisque tout est nécessairement situé. En ce sens, l'image ne peut correspondre à une identité ni l'identité à une image.

L'identité, une idée ?

Travailler une identité, définir une identité, peut être compris comme une élaboration de l'intelligence pour unifier, lier et réunir sous une idée régulatrice une multiplicité diverse. Pour Aristote, l'intelligence consiste à faire des liens. Le travail de l'intelligence consiste à se représenter les choses en liaison les une avec les autres.

Mais l'intelligence, en procédant par composition et recomposition, manque le mouvement sous-jacent et propre d'un être. Un personnage totalement explicable intellectuellement s'évanouit, car l'intelligence recompose la vie, recolle les morceaux de perceptions, et obtient non pas un être vivant, mais une apparence de vie. Chercher à intellectualiser les mouvements d'un danseur fait manquer la grâce du mouvement. Intellectualiser un morceau de piano en fait manquer la musicalité. L'intelligence ne reste finalement qu'à la marge de la réalité d'un être. « L'intelligence est caractérisée par une incompréhension naturelle de la vie[1]. » L'intelligence masque l'identité plutôt qu'elle en rend compte. L'identité ne peut donc se concevoir comme une idée, comme un travail de l'esprit.

L'identité, un secret ?

Le sommeil échappe au contrôle de l'intelligence, c'est pourquoi nous pourrions émettre l'hypothèse que le sommeil révèle l'identité véritable. En effet, le sommeil permet d'approcher la vérité d'un être, car il correspond au moment où la volonté et l'intelligence s'arrêtent, au point que Proust le désigne comme « l'heure véridique », celle où l'on dort avec son secret. En observant Albertine dormir, il a le sentiment de se rapprocher de l'authenticité de cette femme :

> Son moi ne s'échappait pas à tous moments, comme quand nous causions, par les issues de la pensée inavouée et du regard. Elle avait rappelé à soi tout ce qui d'elle était en dehors ; elle s'était réfugiée, enclose, résumée, dans son corps. En la tenant sous mon regard, dans mes mains, j'avais cette impression de la posséder tout entière que je n'avais pas quand elle était réveillée. [...] Il me semblait que c'était, condensée en lui [le bruit divin de son haleine], toute la personne, toute la vie de la charmante captive, étendue là sous mes yeux[2].

Mais quand bien même le sommeil serait plus véridique que l'intelligence, il reste néanmoins impénétrable. Les êtres restent à jamais impénétrables : « Je ne peux pas te dire comment je trouve Albertine, je ne la

1. H. Bergson, *L'Évolution créatrice*, Puf, coll. « Quadrige », 2007, p. 166. Souligné dans le texte.
2. M. Proust, *La Prisonnière*, Gallimard, 1988, p. 62.

trouve pas[1] », fait dire Proust au narrateur. L'identité entendue comme secret reste inaccessible. Cette définition est donc elle aussi insuffisante.

L'identité, une cohérence ?

En cherchant la cohérence d'un être, d'un pays, d'une nation, on bute parfois sur la pluralité d'aspects divers et contradictoires que peut revêtir un même être. Chaque personne, chaque nation, chaque organisation, concentre en elle tellement d'ambivalences, voire de contradictions, que l'idée de cohérence identitaire semble une illusion sans borne, ne menant qu'à la confusion, au trouble d'une multitude de « moi » contradictoires au sein d'un même sujet.

Il ne convient donc pas de penser l'identité dans une objectivité univoque, mais au contraire dans une multiplicité chatoyante. Cette multiplicité chatoyante n'est pas à confondre avec la fluidité dont le wokisme se réclame, et dont on a vu à quel point elle correspond davantage à un « catégorisme » identitaire radical qu'à une fluidité véritable. La cohérence étant une construction intellectuelle davantage qu'une réalité, il semble là encore illusoire de penser pouvoir saisir l'identité par la cohérence.

L'identité, une incohérence ?

Puisque la cohérence ne peut correspondre à l'identité, l'incohérence inhérente à chaque être pourrait à l'inverse en être le signe. D'ailleurs il est souvent frappant de remarquer que l'aspect véritable est ce qui

1. M. Proust, *Sodome et Gomorrhe*, Gallimard, 1988, p. 318.

n'est pas « reliable » au reste, ni aux paroles ni aux actes antérieurs. C'est lorsque quelque chose surprend, étonne, échappe, que se dévoile alors fugitivement la vraie nature. Le vrai d'un être peut être ce qu'il y a de moins compréhensible, de moins cohérent, d'où l'effet de surprise de certains cheminements de vie (coming-out, réorientation professionnelle, etc.) qui étonnent l'entourage en révélant soudainement une autre voie.

Mais si l'identité se dévoile à travers l'imprévisible, l'incohérent, le surprenant, l'échappée, on ne peut définir l'identité par l'inattendu. Car l'inattendu est ce qui vient heurter le logiquement possible et qui reste en cela indéterminable par l'esprit.

L'identité, un look ?

Trop souvent nous confondons l'identité avec notre manière de nous vêtir, de posséder des objets, de nous accessoiriser. Les objets agiraient comme des assises identitaires en nous procurant un style.

Mais là aussi fonder l'identité sur un objet est une illusion, car ces artefacts sont pour la plupart fabriqués en masse et peuvent être par conséquent possédés par des milliers d'autres. Aucun assemblage, aucune combinaison ne peut le faire davantage. Ils nous réduiraient à attendre notre identité de choses extérieures. Comment l'extériorité pourrait-elle définir une identité, une intériorité ? Et comment des objets ou des vêtements pourraient identifier quelqu'un sachant qu'ils sont souvent désirés par conformisme ou mimétisme ? L'erreur n'est pas de vouloir posséder des objets, mais de croire que notre identité dépend d'eux.

L'identité, un caractère ?

Le caractère est un ensemble de qualités ou de défauts que l'on attribue à la part la plus subjective de l'esprit. Le caractère ou la personnalité, par leurs traits distinctifs, permettraient de définir et d'identifier quelqu'un. Disons de cet homme qu'il est par exemple sanguin, doux, tolérant, maniaque, et de cette femme qu'elle est impatiente, susceptible, douce, gentille... Aucun de ces traits n'est singulier. Nous sommes des millions à pouvoir les partager. Ces traits de caractère sont des critères, des catégories, qui par leur généralité s'éloignent de la singularité. Le caractère ne peut donc définir l'identité, ni l'identité se réduire au caractère.

L'identité : une carte d'identité ?

La carte d'identité est une des meilleures illustrations de la dérive objective qu'implique toute question sur l'identité. Toutes les caractéristiques inscrites sur ma carte sont des catégories générales. Le sexe, la taille, la nationalité, le prénom, tout est commun... même le nom qu'on dit propre peut être très répandu ! Il est ce qui me relie à un ensemble, une famille, et que d'autres lignées peuvent également partager. L'assemblage fait certes une identité civile, mais jamais une identité personnelle. En lisant une carte d'identité, on découvre des généralités sur une personne, plus qu'une singularisation. La carte d'identité ne dit rien d'un être, sinon dans quels compartiments communément définis le classer.

L'identité : une âme ?

Parler de l'identité d'un lieu, d'un être, mobilise parfois la notion d'âme. Mais qu'est-ce que l'âme ? Que dire de son origine, de sa durée, de son rapport au corps ? Une foule d'opinions divergent à son sujet au point de ne savoir ce que ce concept recouvre précisément. Si « âme » il y a, elle reste insondable, cachée, énigmatique. C'est pourquoi le concept d'âme, n'étant pas empirique, ne peut jouer aucun rôle constructif dans l'élucidation de l'identité. L'âme esquive le problème identitaire sans le résoudre.

L'identité : l'intime ?

L'intériorité, le « moi » profond, est ce qui pourrait définir l'identité d'un être.

Mais « les hommes se distinguent par ce qu'ils montrent et se ressemblent par ce qu'ils cachent[1] », disait Paul Valéry. De telle sorte que ce que nous prenons pour le plus singulier, le plus personnel est souvent le plus commun, le plus universel. En parlant de soi de la manière la plus vraie, authentique et sincère, on touche plus largement les autres qui se retrouvent. En outre, ce qui fait la singularité de chacun n'est exprimable que par le général. Rien de personnel sans mots (le commun de la langue) pour le dire. Rien de personnel sans idée (le commun de l'esprit) pour le penser. L'identité ne peut donc pas se définir par l'intime, puisque l'expression même de l'intime ne peut être que générale, et que l'intime est souvent ce qu'il y a de plus commun.

1. Valéry, P., *Mélange*, Gallimard, 1941, p. 86.

L'identité : une appartenance communautaire ?

L'individu ne pouvant vivre seul, ayant besoin de liens sociaux, cherche le cocon de l'entre-soi et pense parfois pouvoir trouver son identité par une appartenance communautaire.

Mais l'identité d'appartenance ne dit absolument rien de la spécificité individuelle. L'identité d'appartenance qui fait que chaque être se rapporte à d'autres n'est pas l'identité propre par laquelle chaque être diffère des autres. L'identité d'appartenance, d'emboîtement, de classement, d'identification sous un genre ou un groupe ou une obédience quelconque, rassemble sans distinguer. Le leurre de cette quête identitaire à travers l'appartenance à un groupe consiste à confondre deux notions : l'identification et l'individualisation. S'individualiser c'est devenir soi. S'identifier c'est ressembler à un autre. L'identification peut certes jouer un rôle dans l'individualisation, mais ne s'y réduit pas, moyennant quoi l'identité ne serait qu'une duplication. Si un sentiment de frustration, d'incomplétude, accompagne généralement toute identification, c'est qu'il lui manque l'effort de l'individualisation.

L'identité, une hybridation ?

Nous sommes des êtres complexes, et donc hybrides. Mais là encore le problème identitaire n'est pas résolu ! Au contraire il est accentué. L'hybridation est une addition d'identités multiples qui ne permet en rien de démêler l'identité. Elle n'est qu'un composite d'identités multiples. Un centaure est une double identité, une addition identitaire, celle d'un cheval mêlée à celle d'un homme. L'hybridation est une combinatoire épaississante dont l'avantage est de rendre mobile ce qui semblait fixe. Elle déraidit, elle fluidifie. Mais en multipliant les possibilités, elle ne libère pas pour autant. L'hybridation fait bouger les identités – c'est son avantage –, mais elle procède à un cumul identitaire plus qu'à une réduction, une saisie de ce qu'est l'identité.

L'identité, une culture ?

Si la culture est certes structurante, jamais l'identité ne peut toutefois s'y réduire. La culture est la part de soi qui n'est pas soi, celle dont on hérite. La culture c'est le « nous » dans le « je », résume régulièrement Alain Finkielkraut. Définir l'identité par la culture reviendrait alors à définir le soi par ce qui n'est pas soi ! Par ailleurs, être une personne, un sujet humain, c'est être capable d'aller au-delà de sa culture, d'élargir sa pensée, de s'arracher à sa minorité, disait Kant. Concevoir l'homme, chez Kant, Pic de la Mirandole, Rousseau ou Sartre, revient à montrer qu'aucun enracinement de départ, aucune culture, ne prédétermine ni ne préfigure quoi que ce soit de l'individu. Aucune situation n'est en ce sens un déterminisme. Or nous voyons régulièrement des individus qui perpétuent leur culture familiale, leurs traditions, leurs rites, leur enracinement de départ en en faisant une identité. Si cette perpétuation est un choix, alors l'individu renouvelle et forge librement son identité ; si cette perpétuation n'est qu'une répétition non questionnée, alors l'enracinement dénature l'individu en en faisant un archétype, un échantillon, un exemplaire, qui n'agit pas à partir de lui-même, mais reproduit un modèle, comme l'animal reproduit le modèle de vie de son espèce. Or être un homme ou une femme, c'est ne jamais se laisser claquemurer par l'héritage dont on procède. Sans faire fi de l'héritage, du passé, de la culture, se défaire de son enracinement, se déprendre de son milieu, permet parfois de répondre de soi et d'exister à la première personne. « Notre héritage n'est précédé d'aucun testament[1] », et ne peut en ce sens définir une identité.

L'identité : l'authenticité ?

L'identité pourrait signifier être authentique, être tout naturellement soi-même. Mais le « naturel », existe-t-il ? Ce qu'on pense naturel n'est-il pas conventionnel ? La Rochefoucauld a bien fait remarquer qu'il y a « des gens qui n'auraient jamais été amoureux s'ils n'avaient jamais entendu parler de l'amour[2] ». Même dans ce qu'on pense de plus personnel, à savoir l'amour, il y aurait comme une grammaire de l'émotion, un code de la déclaration, un guide des mots amoureux. Cette idée sous-entend que nous ne cessons de suivre plus ou moins consciemment des modèles, quand bien même nous avons la conviction qu'ils surgissent de nos profondeurs les plus intimes.

Pensons également à René Girard et sa théorie du mimétisme social qui systématise le caractère social de ce que nous pensons comme « naturel », et s'attaque le plus radicalement au mythe de l'identité personnelle entendue comme authenticité. Il part du constat de l'extrême plasticité du désir humain et de l'aspect conventionnel de sa constitution : « le propre du désir,

1. R. Char, *Feuillets d'Hypnos*, Gallimard, 1946.
2. Cité par Ch. Larmore, *op. cit.*, p. 57-58.

fait-il remarquer, est de ne pas être propre[1] ». C'est dire qu'il y a une part mimétique et sociale dans tout désir, et que même dans l'acte le plus spontané, qu'on pense le plus intimement sien, se profile l'autre. En somme, il y a l'objet désiré, le sujet désirant et le tiers désirant le même objet et désiré par le sujet. René Girard prend l'exemple du narrateur et d'Albertine dans *À la recherche du temps perdu*, en montrant que le désir du narrateur est sans conteste mimétique : il aime Albertine quand celle-ci est absente, il la hait quand elle est là[2]. Si le désir du narrateur était le sien propre, il désirerait Albertine indifféremment, qu'elle soit absente ou présente. Mais ce n'est qu'en imaginant Albertine désirée par d'autres, que son désir se renforce. Son désir s'avère donc moins personnel que mimétique, moins authentique qu'emprunté. Nous en venons à ne trouver désirable que ce qu'un autre trouve tel. L'enfant veut ce que l'autre a pris. Ce que l'enfant veut ce n'est pas le jouet en tant que tel, mais le jouet en situation, vivant, animé par l'autre. Cela montre que c'est seulement à partir de l'autre que notre individualité prend forme, ce qui reviendrait à dire que l'identité ne serait qu'imitation.

On pourrait toutefois rétorquer que l'identité est une chose, l'originalité en est une autre. Nous pouvons être pleinement nous-mêmes sans être originaux. Pensons à La Bruyère : « Horace et Despréaux l'a dit avant vous. Je le crois sur votre parole ; mais je l'ai dit

1. R. Girard, *Je vois Satan tomber comme l'éclair*, Grasset, 1999, p. 35, cité par Ch. Larmore, *op. cit.*, p. 62.

2. « Le désir proustien est chaque fois triomphe de la suggestion sur l'impression. À sa naissance, [...] on trouve toujours l'autre [...] le désir proustien est toujours un désir emprunté. » (R. Girard, *op. cit.*, p. 47, cité par Ch. Larmore, *op. cit.*, p. 62).

comme mien[1]. » Cela signifie que la façon dont on vit les choses peut être personnelle et authentique, quand bien même les vivre n'est pas original. En distinguant l'originalité de l'identité, on « sauve » le concept d'identité de la critique du mimétisme social, en montrant que malgré l'influence de la convention, l'identité demeure quand bien même l'originalité s'absente. Il n'en reste pas moins qu'une manière propre ne précise pas le concept d'identité qui reste non défini.

L'identité : un mensonge ?

L'égalité comme principe démocratique implique l'idée d'indépendance et d'autonomie. Or l'individu se trouve pris dans des rapports de dépendances mimétiques. « D'un côté, il souscrit au principe selon lequel tous les hommes sont égaux, ayant chacun le droit de disposer de lui-même. De l'autre, il se trouve partout impliqué dans des rapports d'imitation, où il s'aligne sur le comportement de ceux qui l'entourent[2]. » Si les valeurs de l'homme démocratique entrent en contradiction avec la nature même du désir mimétique, la tentation est grande de camoufler la supériorité du modèle, en faisant du désir un mouvement émanant de son propre « moi ». C'est alors que l'homme démocratique trouve l'issue au dilemme démocratique en inventant l'idée d'un « soi », d'une identité propre :

> La stratégie la plus commune consiste alors à se persuader que son désir jaillit du fond de son propre moi, sa dépendance à l'égard du modèle étant en vérité un

1. Ch. Larmore, *op. cit.*, p. 187 cite J. de La Bruyère, *Les Caractères*, I, « Des ouvrages de l'esprit » § 1, 69.
2. Ch. Larmore, *op. cit.*, p. 71.

moment accessoire, un moyen pour arriver à l'objet qu'en fin de compte on poursuit de sa propre initiative. [...] Ainsi est-on amené à intervertir l'ordre logique, faisant du modèle la conséquence de son désir au lieu de son origine. En un mot, [...] on finit par croire que son désir est spontané ou « authentique »[1].

En somme, l'identité ne serait qu'une inversion de mécanisme, faisant du modèle non pas l'origine du désir, mais sa conséquence. Si j'imite untel c'est qu'il correspond à mon désir, et non lui qui détermine mon désir. Aussi, le sujet ne vit pas son mimétisme comme une dépendance, mais vit (illusoirement) sa dépendance comme une spontanéité libre. En ce sens, l'identité ne serait qu'un mensonge à soi-même, une forme de mauvaise foi.

Nous avons beau multiplier les hypothèses de définition, le concept d'identité achoppe inéluctablement sur une aporie. Le premier vice de forme de la notion d'identité est ce détournement inévitable du « qui » en « quoi », de la singularité en caractéristiques générales, en « objectivité », qui ne peut mener qu'à un sujet sans subjectivité, sans singularité précisément définie. Le deuxième vice de forme de la notion d'identité réside dans la permanence que la notion d'identité mobilise. L'identité suppose une permanence dans le temps, or la permanence ne pouvant s'accorder avec l'existence, soumise de fait à la temporalité, l'identité manque en figeant le mouvant qu'elle prétend définir. La troisième difficulté tient à l'unité que toute identité suppose, incompatible avec la réflexivité par essence

1. *Ibid.*, p. 70.

dualisante. Enfin, l'hypothèse infalsifiable du mimétisme et du conventionnel inhérents à toute conduite ébranle la possibilité même d'une identité personnelle.

Si l'identité ne résiste pas aux critiques philosophiques et s'avère un concept incertain, chercher une identité ne peut conduire qu'à une impasse.

4

Une vie truquée

« Tu apprendras à tes dépens que le long de ton chemin, tu rencontreras chaque jour des millions de masques et très peu de visages. »

Luigi PIRANDELLO

« Le monde entier joue la comédie. Il faut jouer notre rôle comme il faut, mais comme le rôle d'un personnage emprunté. Du masque et de l'apparence il ne faut pas faire une chose réelle, ni de ce qui nous est étranger faire ce qui nous est propre. Nous ne savons pas distinguer la peau de la chemise. C'est assez de s'enfariner le visage sans s'enfariner le cœur. »

Michel de MONTAIGNE

Les archétypes

La perte de soi est aisée, car très vite nous pouvons devenir des automates conscients agissant par conformisme plus que par volonté singulière. Les rôles que nous jouons forment avec le temps des prisons sournoises dans lesquelles nous nous enfermons nous-mêmes et dont il est difficile de briser le carcan, tant notre conscience se contente d'obéir à des mécanismes et à des injonctions supposées ou réelles. Notre vie devient alors une répétition aveugle et à l'identique d'actes sans originalité. Mais nous nous arrangeons de leur régularité pour y gagner une certaine stabilité qui rassure, conforte, situe. Tandis que tout se transforme autour de nous, les conformismes, les rôles convenus nous maintiennent debout. Beaucoup d'entre nous nous contentons du conformisme et nous y arrêtons, nous laissant stagner dans une régularité fixe, réglée d'avance, dépossédés de nous-mêmes et de notre liberté. Nos manières d'être finissent par dissimuler notre être, à nos yeux et aux yeux des autres, et nous font vivre plus ou moins douloureusement à la surface de nous-mêmes. Nous pouvons même finir par renoncer à nous-mêmes en trahissant nos propres aspirations. Aussi sommes-nous souvent poussés à emprunter des voies qui ne nous conviennent pas, jusqu'à nous mettre en contradiction avec nous-mêmes. Notre conduite ne se réglant plus que sur des signes extérieurs, on se fabrique un rôle qu'il nous est impossible de ne plus jouer. Les rôles, les archétypes, dit Carl Jung, sont des formes psychiques originelles, c'est-à-dire engrammées en toute âme humaine, à partir desquelles chaque culture et chaque individu élabore, à son insu, ses figures symboliques. Ces schèmes dynamiques dont le contenu vient du monde extérieur composent l'inconscient collectif, transmis culturellement au fond de chaque inconscient individuel. S'identifier à un archétype, c'est s'aliéner dans un modèle et préférer au mouvement libre de sa propre existence une identité construite, mais extérieure à soi. S'identifier c'est jouer à être. Tous les rôles préconstruits sont des chemins de fuite, mais il est plus facile de se réfugier derrière un rôle déjà écrit par la société que de convoquer la totalité singulière de sa personne pour s'aventurer dans un avenir libre. Chaque époque voit apparaître de nouveaux rôles, de nouveaux personnages, des figures neuves et sinistrement cocasses. En faire l'observation nous transforme en personnages de comédie, en pantins, en automates. Nous ne sommes pas, nous jouons à être.

Quelques exemples actuels

Le garçon de café parisien tel que le décrit Sartre est le parangon célèbre d'un être chosifié par sa fonction, qui fait de son rôle une identité, et dont on pourrait trouver de nombreux autres exemples aujourd'hui.

Pensons aux rafraîchissantes « quinquas » d'« insta » dont le jeu identitaire consiste à arborer un ravissement permanent et un sourire confit en béatitude devant le bonheur qu'est leur vie. Sur la grande table familiale de la villa de Saint-Barth ou de la longère normande, la citronnade est fraîche, les bleuets et coquelicots des champs rassemblés en un bouquet champêtre par une ficelle en coton macramé ; tout est parfaitement en scène pour partager les derniers conseils beauté ou expliquer la dernière recette de tarte à la figue au bon miel des Alpilles. La phraséologie est emplie de neutralité bienveillante : il s'agit toujours de « partager un univers » et de transmettre de « belles énergies », assurent-elles d'une voix qui se veut douce et solaire. Ces femmes jouent à être, et font d'une image radieuse leur identité.

Il n'y a pas d'âge pour jouer à être. Combien de jeunes jouent aux « racailles », adoptent un accent de banlieue, et s'habillent en survet-casquette-basket, par pur conformisme identitaire ? Combien de jeunes – plus bourgeois – sont actuellement tentés, pour se convaincre d'être quelqu'un – et quelqu'un de bien –, de jouer les sages de seize ans et demi, en incarnant avec gravité la conscience écologique – jusqu'à refuser en toute magnanimité leur diplôme de formation participant selon eux aux ravages écologiques en cours –, et en se glissant dans la peau de jeunes responsables, partisans de la frugalité volontaire, des toilettes sèches et de la douche solaire ?

Que ce soit en recrutement, en immobilier, en automobile, en stratégie, en finance de marchés, les consultants obéissent à un schéma commun. Qui joue au consultant n'est pas forcément beau, mais semble beau. Barbe de quelques jours taillée à la perfection, il est toujours net, frais, en ordre et répond à un schéma type. Son modèle est graphique. On attend de lui une figuration, la solidification progressive d'une signification pure et pleine, une iconographie immédiatement lisible. Toute sa conduite semble un jeu et ses phrases des formules.

Si hier le père incarnait la figure de l'autorité et de l'intransigeance, aujourd'hui il se doit d'être cool. Compréhensif, bienveillant, tendre, à l'écoute, le papa cool maîtrise les écharpes de portage et l'appli Yuka. La bienveillance nouée aux coins de ses commissures réjouies, il ne gronde pas, ne frappe pas, ne punit pas et ne hausse jamais le ton. L'enfant peut être furibond, écarlate de colère, capricieux, le père, en toute détente, analyse la situation sur le ton posé d'un psychiatre. C'est un homme réhaussé par les dernières modes comportementales dont il ne peut s'extirper sans mettre en pièces ce qu'il pense faire son être.

Les postures identitaires peuvent également se jouer à plusieurs. Combien de couples, se voulant torrides et anti-routiniers, dénigrent les positions simples aux vertus incontestables, leur préférant une chorégraphie nécessitant souplesse et musculature pour atteindre les acrobaties les plus improbables. Pour peu que l'homme soit sportif, il optera pour quelques postures suspendues par souci de ressemblance avec les positions « types » des films pornographiques. La femme, feignant d'y trouver une fantaisie nouvelle et une sensualité jouissive, entretient ce jeu de rôles, parfois au détriment d'un plaisir véritable.

Un vol de soi

Sans multiplier davantage les exemples, il est aisé de comprendre que se fondre dans des types, dans des essences, est inéluctablement voué à l'échec. Les archétypes sont des pièges à la fausse objectivité. C'est remplacer la véritable expérience vécue par une image figée. À un rapport authentique avec soi-même ou une personne autonome, on substitue l'immobile contemplation d'un mirage. C'est déguiser son être en parodie et ses conduites en schémas. Là où les choses se compliquent, c'est que l'individu peut se sentir libre dans des figures imposées et prisonnier dans une vie libre et affranchie de toutes balises comportementales. Mais aucun individu n'adhérera pleinement au rôle qu'il joue. Aucun rôle, aucune identité construite ne pourra jamais nous correspondre et nous procurer une identité réelle pour deux raisons majeures.

Le regard sur soi-même

La volonté de ne faire qu'un avec un rôle fait du sujet un objet. Il n'y a que les objets qui sont ce qu'ils sont une bonne fois pour toutes. Alors qu'une chose désigne le plein par excellence, nous avons, nous humains, comme un vide au cœur de la conscience, un « néant » si nous empruntons le vocabulaire sartrien, un espace entre ce que nous sommes et ce que nous jouons à être. Sartre prend l'exemple devenu fameux du garçon de café :

> Il a le geste vif et appuyé, un peu trop précis, un peu trop rapide, il vient vers les consommateurs d'un pas un peu trop vif, il s'incline avec un peu trop d'empressement, sa voix, ses yeux expriment un intérêt un peu trop plein de sollicitude pour la commande du client, enfin le voilà qui revient, en essayant d'imiter dans sa démarche la rigueur inflexible d'on ne sait quel automate, tout en portant son plateau avec une sorte de témérité de funambule [...]. Toute sa conduite nous semble un jeu. [...] Il joue, il s'amuse. Mais à quoi joue-t-il ? Il ne faut pas l'observer longtemps pour s'en rendre compte : il joue *à être* garçon de café[1].

Le réconfort pour un être peut consister à se donner la consistance indubitable d'une chose pour abolir l'angoisse du vide. Mais aussi investis que nous soyons dans nos rôles, nous ne sommes jamais entièrement nos personnages, car nous jouons et nous nous voyons jouer, nous sommes d'emblée deux et irréductibles à

1. J.P. Sartre, *L'Être et le Néant* (1943), Gallimard, coll. « Tel », 1976, p. 94.

celui des deux qui joue. Raison pour laquelle le « sois toi-même » est une injonction qui ne peut jamais fonctionner ! Car c'est demander d'être ce qu'on est sur le mode de l'objet, du « tout en un », ce qui sera toujours impossible pour une conscience humaine, par nature réflexive, dualisante. Dans *Les Mots*, Sartre avoue qu'il jouait à l'enfant modèle devant son grand-père. Il faisait semblant, tel un comédien. Mais aussi investis que nous soyons dans notre rôle, nous ne sommes jamais entièrement notre personnage : « Je ne suis jamais aucune de mes attitudes, aucune de mes conduites. [...] L'élève attentif qui veut *être* attentif, l'œil rivé sur le maître, les oreilles grandes ouvertes, s'épuise à ce point à jouer l'attentif qu'il finit par ne plus rien écouter[1]. » Nous sommes donc par notre conscience « un être qui est ce qu'il n'est pas et qui n'est pas ce qu'il est[2] », qui ne cesse de se dédoubler, tout en tâchant de se récupérer. On ne cesse de se désagréger, car notre conscience nous désolidarise d'avec nous-mêmes, et de se réagréger dans une essence flottante quelconque (en nous projetant comme étant ceci ou cela). La conscience contrarie l'unité identitaire que l'on souhaitait rejoindre en endossant un rôle. Par sa conscience, l'homme échappe à la facticité d'une identité stable et définitive. Le nier revient à faire preuve de « mauvaise foi », ce mensonge à soi-même consistant à occulter notre dualité permanente. Une audience juste avec soi-même admettrait que les rôles ne tiennent jamais.

Cette inadéquation n'est pas une limite ou un défaut, mais un potentiel. Cette « inconsistance d'être » n'est rien d'autre que la possible liberté. La liberté de ne

1. *Ibid.*, p. 95.
2. *Ibid.*, p. 93.

pas se définir à partir d'un modèle préétabli, la liberté de ne pas se réifier dans une identité aussi rassurante que fallacieuse, la liberté de ne plus se laisser réduire à une identification factice. Perpétuellement à distance de nous-mêmes, nous ne sommes rien au départ sinon des êtres libres amenés à nous définir et à nous redéfinir sans cesse à travers nos actions. Et si nous ne sommes rien, cela signifie que nous pouvons tout être ! Cette spécificité humaine qui consiste à ne jamais coïncider avec nous-même doit motiver notre esprit d'initiative, nous permettre de nous tourner vers l'éventualité de nouvelles rencontres, de nouvelles expériences, sans lesquelles nous ne pourrions nous renouveler et dépasser ce que nous sommes au regard de ce que nous voulons être. Une existence digne de ce nom appelle une liberté vivante qui s'éprouve dans l'action, loin de l'imaginaire archétypal.

Le regard de l'autre

Autrui peut aussi jouer un rôle dans ces falsifications de soi-même, car le réflexe face à un autre est toujours le même : l'enfermer dans une définition (l'idiot de la famille, la vieille tante, le collègue acariâtre, la femme colérique, le mari trompeur, etc.), et l'autre étant un alter ego, fait de même avec nous en nous enfermant dans un schéma simplificateur et grossier qui nous chosifie. Nous subissons sans rien pouvoir y faire la pression des jugements faciles, réduct(u)eurs, excluant la complexité de notre personne sous une apparente simplification. Liberté en sommeil, vie chosifiée, nous nous retrouvons enfermés dans l'image que les autres nous renvoient. Cette réciprocité du regard essentialisant conduit Sartre à affirmer que « le conflit est le sens originel de l'être-pour-autrui[1] ». Le conflit est cette lutte entre ce que je pense être et le sentiment d'être prédéfini par autrui, comme si tout était joué d'avance. Lorsque, piégés par un entourage jamais à court d'arguments déterministes, nous intégrons l'image que nous renvoient les autres, tout devient figé. Les qualités, les dons, les défauts sont répartis, et il s'agit de s'accommoder d'un rôle, d'une image, sans rémission possible : « l'enfer c'est les autres ». Même si demeure en nous l'intuition d'une liberté toujours vivante, le détour par autrui est inévitable et nous oriente vers une conception définie et parfois définitive de nous-mêmes.

Sur le plan collectif, nous avons vu que les revendications identitaires menaient à une mortification sociale. Sur le plan théorique, l'identité, nous l'avons montré, est discréditée. Individuellement, l'identité tourne vite à l'archétype, meilleur chemin pour s'éloigner de soi-même. N'attendons donc pas de ce concept survalorisé – qui ne semble pas à la hauteur de l'humain comme être libre – plus que ce qu'il peut nous apporter.

Néanmoins, quand bien même l'identité ne tient pas conceptuellement, individuellement, collectivement, l'identité aux consonances pseudo-bouddhistes d'impermanence ne nous semble pas résoudre le problème de l'identité non plus ! Ne tombons pas dans ce piège qui esquive sans résoudre. Une identité anéantie n'éclaircit pas le problème, mais le contourne en le supprimant. Si l'identité est un concept incertain, quelque chose de cette notion semble résister et ne pas pouvoir se

1. *Ibid.*, p. 404.

laisser abandonner. L'existence en chaque individu du désir d'être soi-même par-delà les conventions et les attentes extérieures demeure bien réelle. Alors comment maintenir la possibilité d'un « soi » et d'un « nous » sans identité ?

5

Exister pleinement

> « Comment, alors, cherchant sa pensée, sa personnalité, comme on cherche un objet perdu, finit-on par retrouver son propre moi plutôt que tout autre ? »
>
> Marcel PROUST

> « J'aurais voulu être quelqu'un d'autre, j'aurais voulu être moi-même. »
>
> Émile AJAR

Le sentiment de soi

Un sentiment plus qu'une identité

Savoir et sentir d'où l'on vient et où l'on va est une nécessité vitale. Aucun sujet ne peut s'affranchir des catégories structurantes, nécessaires à la construction de soi. Mais celles-ci ne sont pas suffisantes, et souvent aliénantes. Nous en avons trahi les limites idéologiques, conceptuelles et individuelles. Il ne s'agit pas dans ce livre de nier l'importance du sentiment de soi, mais de montrer que l'identité n'y répond pas. Le sentiment de soi ne consiste pas à se réfugier dans une identité. C'est même tout l'inverse. Le sentiment de soi est une chose, l'identité en est une autre. L'identité fige, fixe, stabilise, tandis qu'être à soi épouse le mouvement de la vie. L'identité est une construction sociale, intellectuelle ou culturelle, le sentiment de soi est de l'ordre du ressenti, de la sensation personnelle et intime. L'identité subsume l'être sous une catégorie, le sentiment de soi subordonne la catégorie au moi. Dans l'identité, la catégorie peut nous englober jusqu'à faire disparaître notre singularité. Le sentiment de soi ne nous perd jamais, car aucune case ne vient noyer le « moi ». L'identité chosifie et homogénéise, le sentiment de soi réhumanise et distingue. Si l'identité nous dépossède de nous-mêmes et nous perd dans un ensemble, privilégier le sentiment de soi à la fixation identitaire évite de nous égarer. Comment cultiver le sentiment de soi au détriment de l'ancrage identitaire ?

Savoir être à soi

« La plus grande chose du monde, c'est de savoir être à soi », disait Montaigne[1]. Savoir être à soi ne revient pas à faire preuve d'égoïsme ou d'égocentrisme. S'appartenir suppose non pas une fermeture à toute extériorité, mais une ouverture qui ne soit jamais une négation de soi. C'est s'ouvrir à l'autre sans s'oublier. Être à soi n'empêche pas de s'engager, mais interdit de se sentir prisonnier. Être à soi n'empêche pas de jouer un rôle, mais à condition de ne pas s'y enfermer, de ne jamais confondre sa véritable personnalité et son personnage

1. M. de Montaigne, *Essais*, I, 39.

social. « Mon opinion est, qu'il se faut prêter à autrui, et ne se donner qu'à soi-même[1]. » Savoir être à soi n'empêche pas la ressemblance ou l'identification aux autres, mais suppose de ne jamais se laisser façonner par des opinions moutonnières, des avis péremptoires, des doctrines toutes faites donnant tort à l'expérience du réel pour persévérer dans des principes. Cela suppose de maintenir son esprit en alerte, de préférer les questions qui dérangent aux certitudes qui rassurent afin de forger sa propre conscience morale, son propre esprit critique. « Il se faut réserver une arrière-boutique toute nôtre, toute franche, en laquelle nous établissons notre vraie liberté et principale retraite et solitude », assure encore Montaigne[2].

Comprendre par intuition

Spinoza distinguait trois types de connaissance, que nous pouvons appliquer au sentiment de soi.

Le premier type se contente de recevoir des informations de l'extérieur, que l'esprit est incapable de connaître à partir de lui-même exhaustivement. C'est une connaissance que l'on subit, car elle vient de l'extérieur. Si l'on applique cela à l'identité, ce serait l'identité civile. On sait qu'on est né tel jour à telle heure, parce que nos parents nous l'ont dit. C'est une connaissance que nous subissons, indirecte, que nous ne pouvons produire nous-mêmes. On n'en est pas la cause adéquate. Cette connaissance est, paradoxalement, une forme d'ignorance. Je ne sais pas et je ne peux vérifier si ce qu'on me dit à mon sujet est vrai. La plupart des connaissances

1. *Ibid.*, III, 10.
2. *Ibid.*, I, 39.

sont de cet ordre. Je ne sais pas si la Terre est ronde, on me l'a dit, mais c'est une croyance qui est la base de ma connaissance. Même si on peut me le prouver scientifiquement, je suis incapable de faire moi-même le raisonnement permettant de le démontrer. C'est aussi ce que Platon nomme « opinion vraie ». On sait que c'est vrai, mais on ne peut soi-même le démontrer. Donc l'identité au sens civil du terme est une opinion vraie. Ma date de naissance, mon nom de famille, ne peuvent être que des vérités reçues, des opinions vraies.

Dès qu'on se pose la question de savoir qui on est vraiment, on rentre dans la connaissance du deuxième genre. On ne se contente pas de recevoir l'information de l'extérieur, mais on essaie de l'engendrer, de la comprendre de l'intérieur. On va étudier son arbre généalogique, sa psychologie, on va s'analyser, se réfléchir. Toutes les démarches introspectives appartiennent à ce second type de connaissance, qui catégorise plus qu'il ne singularise, qui schématise plus qu'il ne spécifie. Cette connaissance permet de dresser des types, des tendances, des explications comportementales et psychologiques, sans toutefois parvenir à saisir l'eccéité, la singularité véritable d'un être. Car pour comprendre, l'esprit est obligé de rapporter une individualité à des catégories connues, à des lois communes. Dans le premier genre, on est passif, dans le second, on est actif ; mais même actif, toutes les démarches de compréhension de l'identité n'aboutissent pas à la saisie véritable de soi.

La connaissance du troisième genre est celle que Spinoza appelle intuitive. La connaissance est directe et totale. L'intuition remplace toute démonstration conceptuelle. Il ne s'agit plus de comprendre, d'être dans l'analyse, dans l'intellectualisation des choses, mais dans l'expérience, dans l'action, dans les sensations comme nous allons le voir. L'identité appréhendée sous cet angle permet de sentir qui on est. Se saisir intuitivement, sentir qui on est, consiste à perdre en identification et en projection, car se déterminer par une identification ne fait que nous déterminer par ce qui n'est pas nous, et se déterminer par une projection c'est penser que ce qu'on est est moins bien que ce qu'on sera. Or mieux vaut perdre de vue ce qui n'est pas pour regarder ce qui est, afin d'être plus présent à soi-même, de gagner en réel, de gagner en présence.

S'ouvrir aux sensations

Nous sommes présents à nous-mêmes après l'expérience, somme toute assez commune, de ressentir une sensation futile et imprévue, qui nous procure brusquement le sentiment de nous retrouver dans le passé : « Le moi qui l'avait aimée, remplacé déjà presque entièrement par un autre, resurgissait, et il m'était rendu beaucoup plus fréquemment par une chose futile que par une chose importante[1]. » Rien ici n'existe plus pour l'intelligence, c'est une rencontre fortuite qui fait revenir à la vie les souvenirs enfouis. Cette rencontre est accidentelle, due au hasard, tributaire des contingences de la vie. C'est pourquoi ce souvenir est dit par Proust « involontaire », indépendant de la volonté. C'est le hasard d'une rencontre matérielle, fortuite et inévitable avec l'objet d'une sensation qui procure le sentiment de soi. Il semble que ce soit par ces impressions futiles et involontaires, et non dans des considérations

1. M. Proust, *À l'ombre des jeunes filles en fleurs*, Gallimard, 1988, p. 211.

conceptuelles, que se situe l'intuition, le sentiment de soi. Au départ, le narrateur de *La Recherche* est en quête de ce « je ne sais quoi », ce secret des impressions futiles, qui est celui des retrouvailles avec un ancien « moi », et que lui procure le souvenir involontaire. C'est dire que la moindre expérience peut rappeler à la vie un ancien « moi » que nous pensions évanoui, et c'est parce qu'il y a oubli puis résurrection de ce « moi » que le sentiment de soi s'exacerbe : « Mais qu'un bruit déjà entendu, qu'une odeur respirée jadis, le soient de nouveau, à la fois dans le présent et dans le passé, réels sans être actuels, idéaux sans être abstraits, aussitôt l'essence permanente et habituellement cachée des choses se trouve libérée et notre vrai moi qui, parfois depuis longtemps, semblait mort, mais ne l'était pas autrement, s'éveille, s'anime en recevant la céleste nourriture qui lui est apportée[1]. » Comment les « moi » peuvent-ils mourir et demeurer en même temps ? Le narrateur parle de cette ambivalence comme de « la douloureuse synthèse de la survivance et du néant[2] ». Les souvenirs éveillés par la mémoire involontaire sont des correspondances qui, paradoxalement, donnent le jour à un monde qui n'est plus, à un « moi » qui n'est plus, à un « moi » effectivement mort. Mais ils parviennent toutefois à rendre sensible ce qui n'est plus, à retrouver l'essence intemporelle de ce qui a pourtant disparu. Sans remonter le temps, le « moi » est retrouvé, rendu à lui-même, alors même qu'il s'agit d'une réalité passée. Par « souvenir involontaire », il ne faut pas entendre un souvenir flétri, terne, qui n'est qu'évocation mièvre. Au contraire, par

1. M. Proust, *Le Temps retrouvé*, Gallimard, 1989, p. 179.
2. M. Proust, *Sodome et Gomorrhe*, Gallimard, 1988, p. 156.

la mémoire involontaire, le « moi » est d'autant plus présent, coloré, vivant et intense. Cela signifie que le narrateur a déjà vécu une impression, mais, pour la première fois, il en prend conscience dans le présent. Ce n'est donc paradoxalement pas la réalité qui engendre le souvenir, mais le souvenir qui fait naître la réalité[1]. Ce « souvenir du présent » provoque un

---

1. Voici quelques exemples de souvenirs involontaires : « J'étais entré dans la cour de l'hôtel de Guermantes, et dans ma distraction je n'avais pas vu une voiture qui s'avançait ; [...] je reculais assez pour buter malgré moi contre des pavés assez mal équarris derrière lesquels était une remise. Mais au moment où, me remettant d'aplomb, je posai mon pied sur un pavé qui était un peu moins élevé que le précédent, tout mon découragement s'évanouit devant la même félicité qu'à diverses époques de ma vie m'avaient donnée la vue d'arbres. »

« Et presque tout de suite je le reconnus, c'était Venise, dont mes efforts pour la décrire et les prétendus instantanés pris par ma mémoire ne m'avaient jamais rien dit et que la sensation que j'avais ressentie jadis sur deux dalles inégales du baptistère de Saint-Marc m'avait rendue avec toutes les autres sensations jointes ce jour-là à cette sensation-là, et qui étaient restées dans l'attente. »

« Un domestique, en effet, venait dans ses efforts infructueux pour ne pas faire de bruit, de cogner une cuiller contre une assiette. Le même genre de félicité que m'avaient donné les dalles inégales m'envahit. »

« Je m'essuyai la bouche avec la serviette qu'il m'avait donnée ; [...] une nouvelle vision d'azur passa devant mes yeux ; l'impression fut si forte que le moment que je vivais me sembla être le moment actuel, [...] la serviette que j'avais prise [...] avait précisément le genre de raideur et d'empesé de celle avec laquelle j'avais eu tant de peine à ma sécher devant la fenêtre. » (M. Proust, *Le Temps retrouvé*, chap. III.)

Dans *Sodome et Gomorrhe* (chap. I, Les intermittences du cœur), le héros arrive à Balbec et, en se déchaussant, il est soudain habité par le ressouvenir de sa grand-mère, morte depuis un an sans qu'il en ait eu encore vraiment conscience : « L'être qui venait à mon secours, [...], c'était celui qui, [...], dans un moment où je n'avais plus rien de moi, était entré, et qui m'avait rendu à moi-même, car il était moi et plus que moi [...]. Je retrouvais dans un souvenir involontaire et complet la réalité vivante. [...] Le moi que j'étais alors, et qui avait disparu si longtemps, était de nouveau si près de moi. »

sentiment mêlé de néant et de survivance. L'exemple le plus connu de souvenir involontaire est bien sûr celui de la madeleine :

> Je portai à mes lèvres une cuillerée du thé où j'avais laissé s'amollir un morceau de madeleine. Mais à l'instant même où la gorgée mêlée des miettes du gâteau toucha mon palais, je tressaillis, attentif à ce qui se passait d'extraordinaire en moi. Un plaisir délicieux m'avait envahi, isolé, sans la notion de sa cause. Il m'avait aussitôt rendu les vicissitudes de la vie indifférentes, ses désastres inoffensifs, sa brièveté illusoire, de la même façon qu'opère l'amour, en me remplissant d'une essence précieuse : ou plutôt cette essence n'était pas en moi, elle était moi. J'avais cessé de me sentir médiocre, contingent, mortel. D'où avait pu me venir cette puissante joie ? Je sentais qu'elle était liée au goût du thé et du gâteau, mais qu'elle le dépassait infiniment, ne devait pas être de même nature. D'où venait-elle ? Que signifiait-elle ? Où l'appréhender ? Je bois une seconde gorgée où je ne trouve rien de plus que dans la première, une troisième qui m'apporte un peu moins que la seconde. Il est temps que je m'arrête, la vertu du breuvage semble diminuer. Il est clair que la vérité que je cherche n'est pas en lui, mais en moi. Il l'y a éveillée, mais ne la connaît pas, et ne peut que répéter indéfiniment, avec de moins en moins de force, ce même témoignage que je ne sais pas interpréter et que je veux au moins pouvoir lui redemander et retrouver intact à ma disposition, tout à l'heure, pour un éclaircissement décisif. Je pose la tasse et me tourne vers mon esprit. C'est à lui de trouver la vérité. Mais comment ? Grave incertitude, toutes les fois que l'esprit se sent dépassé par lui-même ; quand lui, le chercheur, est tout ensemble le pays obscur où il doit chercher et où tout son bagage ne

lui sera de rien. Chercher ? pas seulement : créer. Il est en face de quelque chose qui n'est pas encore et que seul il peut réaliser, puis faire entrer dans sa lumière[1].

Il s'agit de la description d'une expérience par laquelle le narrateur découvre une essence, une idée, non seulement du pays (Combray), dans lequel il passait ses vacances petit, mais aussi et surtout de lui-même. Il a comme l'intuition de lui-même, l'intuition de ce qu'il a été et qu'il est manifestement encore, par le biais de cette expérience gustative, qui devient la révélation de son être : « Cette essence n'était pas en moi, elle était moi. » Le narrateur affirme à plusieurs reprises qu'à travers les différentes expériences de souvenir involontaire, c'est bien le « moi », l'authenticité de son être qu'il atteint. C'est dire que la vérité, quand il s'agit du « moi », se donne plus qu'elle ne se cherche. Il n'y a rien de plus fugace et aléatoire qu'une sensation, et c'est pourtant la sensation qui donne accès à ce qu'il y a de plus permanent : le « soi ». L'aspect fugace de la sensation est atténué par le fait qu'une sensation ancienne se superpose à une sensation actuelle, et en révèle toute l'intensité. Cette superposition dans le temps de sensations identiques crée le sentiment d'une continuité des choses et du sujet qui les perçoit. C'est un des seuls moyens de saisir une continuité qui ne soit pas fixité.

Loin de maintenir une dispersion, la superposition des sensations rassemble l'éparpillement temporel et géographique en créant un sentiment de cohérence et de continuité qui révèle l'essence réelle, non seulement des choses, mais du « moi » : « Je ne remontais pas

1. M. Proust, *Du côté de chez Swann*, Gallimard, 1987, p. 101.

dans la chambre qui avait fini par devenir si réellement mienne que revoir les grands rideaux violets et les bibliothèques basses, c'était me retrouver seul avec ce moi-même dont les choses, comme les gens, m'offraient l'image, et nous attendions tous ensemble dans le hall[1]. »

Le « soi » est donc une sensation et non une idée ou une identité théorique. L'essence n'étant pas intelligible, mais située dans le foisonnement du sensible, elle ne peut être que le résultat d'une expérience sensible intuitive, charnelle. C'est dans et par le sensible, que la vision des êtres se donne. L'essence n'est donc jamais située hors du temps et de l'espace, comme une idée abstraite dépassant les paramètres sensibles. Ce sont ces derniers qui révèlent l'être véritable[2].

Suivre l'élan de son désir

Le soi étant de l'ordre du sensible, de la sensation, du sentiment, certaines expériences permettent de le ressentir plus vivement. Le sentiment de soi se ressent à travers l'acte libre, c'est-à-dire voulu de l'intérieur et pour lui-même. Le sentiment de soi est dans ce cas davantage une envolée vers soi-même qu'un retour vers le passé. Le sentiment véritable de soi provient alors d'une réponse à un appel intérieur, une sorte de direction sacrée, inconditionnelle, indiscutable, une conviction des profondeurs, qui fait que, malgré les revers, les difficultés, aucun obstacle ne semble pouvoir

1. M. Proust, *À l'ombre des jeunes filles en fleurs*, *op. cit.*, p. 291.

2. « Nous aurons donc à reconnaître une idéalité qui n'est pas étrangère à la chair, qui lui donne ses axes, sa profondeur, ses dimensions. » (M. Merleau-Ponty), *in* Le Visible et l'Invisible, Gallimard, coll. « Tel », 1979, p. 198.

l'arrêter. Prenons l'exemple des homosexuels, qui malgré les difficultés d'annonce, de vie, d'image, ressentent au fond d'eux-mêmes une direction infaillible et certaine. Le sentiment de soi suppose de ne jamais se perdre en velléités avec la ferme résolution de toujours vouloir son action. C'est le contraire d'une volonté molle et dilettante. À son insu, dans son sillage, par mimétisme et par envie, le sentiment de soi soulève une armée de velléitaires qui se disent : « Et si moi aussi je devenais comme lui ou comme elle ? » L'acte libre inspire de manière contagieuse et fertile, sans mode d'emploi, sans recette comportementale, sans développement (im)personnel. Rien de plus impactant et séduisant que quelqu'un qui est dans l'authenticité de son être, dans la véracité de son message, dans le désir de ses désirs, dans la volonté de sa volonté, plus que dans le souci de son intégrité identitaire. La seule devise est « J'accepte la grande aventure d'être moi[1] », comme dit Beauvoir, car le malheur de l'homme ne vient pas uniquement des souffrances, qu'on peut toujours soulager par un médicament ou par le temps. Le plus grand malheur est d'être coupé de soi-même. À l'inverse, le sentiment de soi, le sentiment d'être, le sentiment d'exister réellement par soi, découle de cette capacité à éprouver ses désirs avec la ferme résolution de les accomplir. Cette ambition n'est pas répétition et maintien de la vie, mais existence. C'est préférer la vie aux raisons confortables de vivre. Préférer faire éclater les limites que de conserver le donné. Préférer l'aventure au maintien. Préférer la liberté à l'identité. Préférer l'existence à l'essence.

1. S. de Beauvoir, *Cahiers de jeunesse (1926-1930)*, Gallimard, 2008.

Tester l'éternel retour

Or bien souvent on ne souhaite pas cela. On veut ce qu'on est, mais en plus confortable. Nietzsche critique l'homme sans ambition, sans désir, qui a inventé le bonheur. Vivre sa vie c'est tendre à un maximum de puissance. La puissance est ce qui pulse au plus fort de l'être. Nietzsche précise qu'il est pénible et inutile de trop fouiller en soi-même. Nous devrions au contraire nous élancer toujours plus haut, nous hisser par-delà notre moi de pacotille, non pas qu'il y ait un moi plus profond, mais c'est le « moi » qui est pacotille. Le sentiment de soi suppose de s'autoriser à vivre et suivre cette puissance intérieure, cet appel intime. Pour cela, une seule question à se poser : celle de l'éternel retour. Ce que Nietzsche désigne ainsi ne consiste en rien à revivre perpétuellement la même chose. Il s'agit plutôt de choisir nos moments de vie comme si nous avions à les vivre une infinité de fois. Vivre le présent de telle sorte qu'on souhaite son éternel retour, permet de s'assurer de le vivre de manière affirmative, choisie, voulue, libre. Choisir, c'est affirmer, et affirmer c'est devenir la cause adéquate de sa vie et de ses choix. Combien de moments correspondent à cette coïncidence avec nous-même ? C'est la question que pose Nietzsche et que nous devrions nous poser pour la majorité des événements de notre existence.

Choisir d'abord, délibérer après

Si le sentiment de soi résulte d'une action volontaire, d'une action libre, dont la décision et les motifs se situent en soi-même, il ne provient pour autant jamais de notre raison, explique Bergson. Le sentiment de soi procède peu d'une action rationnelle, d'un choix pondéré, d'une délibération ayant consciencieusement pesé le pour et le contre. Dans l'action libre, la délibération et la pesée de motifs d'actions est secondaire par rapport à la décision. L'opinion commune voudrait qu'on délibère puis qu'on décide. Mais l'action libre est l'inverse. L'acte libre est une décision première. Ainsi Bergson nous dit-il :

> En nous interrogeant scrupuleusement nous-mêmes, nous verrons qu'il nous arrive de peser des motifs, de délibérer, alors que notre résolution est déjà prise. Une voix intérieure, à peine perceptible, murmure : « Pourquoi cette délibération ? tu en connais l'issue, et tu sais bien ce que tu vas faire. » [...] Nous voulons savoir en vertu de quelle raison nous nous sommes décidés, et nous trouvons que nous nous sommes décidés sans raison, peut-être même contre toute raison. Mais c'est là précisément, dans certains cas, la meilleure des raisons[1].

Expliquer ses actes relève de la peur, ou du besoin de se justifier, ou du besoin des autres que l'on se justifie. Or l'acte libre consiste à ne se laisser déterminer que par soi-même, parce qu'on veut sa propre volonté. Ce n'est pas un caprice, ni une attitude enfantine ou immature pour autant. « Se conduire par caprice consiste à osciller mécaniquement entre deux ou plusieurs partis *tout faits* et à se fixer pourtant enfin sur l'un deux : ce n'est pas avoir muri

1. H. Bergson, *Essai sur les données immédiates de la conscience*, *op. cit.*, p. 119 et 128.

une situation intérieure, ce n'est pas avoir évolué », explique encore Bergson[1].

Le sentiment de soi s'éprouve donc par l'acte libre qui se hisse au-dessus de la rationalité, du calcul, de l'analyse. C'est, comme « se jeter à l'eau », « faire un saut ». Là se trouve l'effort, là se trouve le dépassement de soi-même, et là se trouve la création de soi par soi : « L'action volontaire réagit sur celui qui la veut, modifie dans une certaine mesure le caractère de la personne dont elle émane, et accomplit, par une espèce de miracle, cette création de soi par soi qui a tout l'air d'être l'objet même de la vie humaine[2]. » Ressentir le sentiment de soi revient à capter cette pression interne qui nous pousse à l'action et nous invente. On ressent particulièrement ce sentiment de soi lorsqu'on se laisse porter par le cours irréversible d'une émotion. L'émotion est un stimulant qui met tout notre être en activité. Quand nous baignons dans l'atmosphère d'une profonde émotion, celle-ci n'est pas un état que nous aurions et que nous pourrions « gérer » comme disent les coachs en toc, mais nous devenons, nous sommes entièrement cette émotion. C'est tout notre être que l'émotion nous révèle. Moins nos actions s'éloignent de cette force intérieure, de ce mouvement interne continu par lequel notre moi ne cesse de se faire, plus nous éprouvons le sentiment de nous-mêmes.

En revanche, si l'aspect superficiel, identitaire, de notre moi l'emportait radicalement, nous serions totalement extérieurs à nous-mêmes, et déterminés comme des machines par la vie sociale et le regard

1. H. Bergson, *L'Évolution créatrice*, *op. cit.*, p. 47.
2. H. Bergson, *L'Énergie spirituelle*, Puf, coll. « Quadrige », 2006, p. 31.

des autres[1]. Un grand nombre de nos choix se forment ainsi sous la pression latente et les intimidations expresses de notre entourage proche. On peut finir par renoncer à nous-mêmes en trahissant nos propres aspirations et en résiliant ces possibles que nous n'avons pas osé être. Ainsi Bergson déplore-t-il qu'à cause du moi superficiel et identitaire, « beaucoup [...] meurent sans avoir connu la vraie liberté[2] ».

Comprendre qu'on est initialement complet

Chacun, chaque chose a sa « perfection propre », nous dit régulièrement Spinoza. Inutile de lorgner la perfection du voisin, ou d'une identité idéale, pour ressentir le sentiment de soi. Devenir comme untel ou unetelle n'est pas seulement vain et frustrant, mais suicidaire. Supposons un triangle et un carré ; si le triangle rêvait d'avoir comme le carré un côté de plus, il deviendrait avec ce côté, non pas un triangle plus parfait, mais un carré. Il serait mort comme triangle. Spinoza nous alerte : l'imagination nous fait croire que nous pourrions emprunter les qualités aux autres – c'est le principe sur lequel se fonde la publicité –, mais si c'était le cas, ce serait au prix de notre vie. Imiter un autre, c'est mourir à soi-même. La question pour accéder à soi-même n'est donc pas « à qui ressembler ? »,

1. « Quand nos amis les plus sûrs s'accordent à nous conseiller un acte important, les sentiments qu'ils expriment avec tant d'insistance viennent se poser à la surface de notre moi, et s'y solidifier [...]. Petit à petit ils formeront une croûte épaisse qui recouvrira nos sentiments personnels ; nous croirons agir librement, et c'est seulement en y réfléchissant plus tard que nous reconnaîtrons notre erreur. » (H. Bergson, *Essai sur les données immédiates de la conscience*, *op. cit.*, p. 111.)

2. H. Bergson, *Essai sur les données immédiates de la conscience*, *op. cit.*, p. 125.

mais « comment comprendre et développer sa perfection propre ? » Cela consiste à vouloir devenir la cause adéquate de ce que l'on fait. Sentir que personne ne pourrait le faire comme nous, que le mouvement qui pousse à l'action est mien, vient de mon intériorité, de mes « tripes ». Rien dans cette action n'est pensé à partir d'une idéalité identitaire extérieure à soi-même. Tout part de l'intériorité. Nous sommes déjà nous-mêmes, constitués, « parfaits », et toutes les extériorités identitaires (un objet, un vêtement, une fonction et autres signes) ne vont que compléter ce que nous sommes déjà. Comprenons ici que c'est notre désir qui confère aux choses leur charge identitaire, et certainement pas l'inverse. C'est notre désir qui va faire nôtre une chose, mais pas la chose qui va faire de nous ce que nous sommes. C'est notre désir qui façonne la chose, plus que la chose ne va façonner notre être. Trouver sa perfection, c'est comprendre que nous sommes des êtres initialement complets avec un style déjà marqué, c'est désirer son désir ; en désirant notre désir, nous désirons ce que nous sommes et non ce qui nous manque. Si on désire ce qui nous manque, on désire une chose extérieure à soi. Si on désire son propre désir, si on veut sa propre volonté, on persévère et on s'accomplit dans son être. C'est pourquoi nous ne possédons jamais le même objet que les autres, quand bien même il s'agit d'une chose faite en série, de la même marque et du même modèle ! Nous n'aurons jamais la même manière de porter un vêtement, un sac, ou de conduire une voiture, car la manière d'être ne dépend pas de l'objet, mais nous appartient en propre, elle est notre marque, notre mouvement intérieur, notre courbure originelle de corps et d'âme. Une façon de prendre, de regarder, de parler, de se mouvoir, façonne ce qu'on possède et nous singularise. Ce n'est donc pas l'objet de la possession qui nous définit, mais la possession elle-même. L'illusion identitaire consiste à placer l'identité dans l'objet de la possession et non dans la manière de posséder. L'objet de la possession étant plus matériel, tangible et simple à définir, que la manière de posséder, l'esquive est aisée. Mais le même objet peut être mien ou pas, et le même désir peut être passif ou actif, selon que nous en sommes la cause adéquate, c'est-à-dire l'origine véritable. Peu importe que nous fassions pareil que les autres, que nous possédions les mêmes choses ; ce qui rend vraiment singulier, et révèle le sentiment de soi, est la manière de posséder et de faire. Seule la manière, et non la matière, parvient à nous caractériser.

La rencontre ou le sentiment de l'autre

Se fier aux apparences

On oppose généralement l'identité profonde à l'apparence. L'habit ne fait pas le moine, dit l'adage. Autrement dit nous pourrions supprimer l'apparence pour parvenir à l'être véritable. Mais aucun être ne peut se passer d'apparence. L'apparence n'est pas secondaire, elle est vitale. C'est le propre des régimes totalitaires que d'uniformiser. L'uniforme, le même traitement pour tous, ôte ce qui fait qu'un homme apparaît à un autre dans sa singularité. Se sentir être ne peut se passer du besoin de paraître. Pensons à Hannah Arendt pour qui, « dans le domaine des affaires des hommes, l'être et l'apparence sont réellement une seule et même chose[1] ».

1. H. Arendt, *Essai sur la révolution*, Paris, Gallimard, 1985, p. 141.

Tout ce qui est, paraît, et donc apparaît. L'apparence est la loi du monde, nous dit-elle, et tout apparaît sous autant d'aspects qu'il y a de regards. Même les choses invisibles, comme les pensées, cherchent à apparaître à l'esprit, qui cherche à son tour à les faire apparaître en les parlant, en les mettant en mots. La seule manière de ne pas paraître est… la mort. Mourir c'est dis-paraître. Donc « Être et Paraître coïncident[1] ». L'apparence est une condition de vie, une nécessité pour vivre ensemble, pour vivre en société. S'organiser, vivre ensemble suppose le besoin de se reconnaître, donc de paraître. Même si l'on veut se détacher de ce paraître et montrer son indépendance par rapport à certains codes, on sera obligé de le faire paraître. L'être se dévoile donc dans l'apparence, et il faut accepter que les apparences parlent pour mieux se distinguer, pour mieux apparaître dans ce qu'on a de singulier, pour mieux dévoiler qui nous sommes. Si l'essence de l'individu ne se réduit évidemment pas à ses contingences physiques et ses modes d'apparaître, ces dernières font néanmoins signe vers l'essence dont ils s'avèrent inséparables. L'essence est certes irréductible, mais celle-ci reste toutefois décelable par ses modes d'apparaître.

Trouver le thème général et ses variations

Chaque être a comme une dominante récurrente, un mouvement identique dans ses actes, un thème général, dans ses amours, dans ses manières de vivre, qui n'en sont que des variations. L'idée de « thème » fait référence à la musique, et il nous semble, à juste titre, que nous pouvons penser l'identité ou plutôt

1. H. Arendt, *La Vie de l'esprit*, t. 1, Puf, coll. « Quadrige », 2005, p. 37.

le sentiment de soi ainsi. Proust confirme : « Notre moindre désir bien qu'unique comme un accord, admet en lui les notes fondamentales sur lesquelles toute notre vie est construite[1]. » Il y aurait comme une musique souterraine propre à chaque être, comme une mélodie intérieure qui reviendrait à travers les différentes expériences vécues. Les notes fondamentales forment une « matrice » à partir de laquelle on retrouve une récurrence, malgré les changements, malgré les variations. « Quelquefois je me reprochais de prendre ainsi plaisir à considérer mon ami comme une œuvre d'art, c'est-à-dire à regarder le jeu de toutes les parties de son être comme harmonieusement réglé par une idée générale à laquelle elles étaient suspendues mais qu'il ne connaissait pas[2]. » Ce ne sont pas les variations et les différentes apparences qui mènent au thème, ou au « moi », c'est plutôt le thème, ou le « moi » qui se trouve et se retrouve en chacune des variations. Albertine par exemple, est comme un même thème avec des variations différentes, une même personne avec des aspects variés, de telle sorte qu'un même personnage ressemble aux mille autres qu'il est. Le thème se rappelle à lui-même, telle une essence primordiale, qu'on ne cesse de reproduire dans nos conduites ou dans nos sentiments : « Ainsi mon amour pour Albertine, et tel qu'il en différa, était déjà inscrit dans mon amour pour Gilberte[3]. » Il ne s'agit pas d'une répétition à l'identique des sentiments, mais d'une reconnaissance dans l'épreuve du sentiment. En somme, pour saisir « l'identité » d'un être, nous ne devons pas isoler les

1. M. Proust, *Albertine disparue*, Gallimard, 1992, p. 207.
2. M. Proust, *À l'ombre des jeunes filles en fleurs*, *op. cit.*, p. 305.
3. M. Proust, *Le Temps retrouvé*, *op. cit.*, p. 211.

expériences les unes des autres et se concentrer sur chacune d'elles, mais les considérer comme autant de variations à travers lesquelles on peut saisir le même thème qui les relie et qui sert ainsi de loi générale à la série des actions. Cela signifie que l'être véritable est moins une vision, une apparition, qu'une confirmation, car le schème général, le thème récurrent, suppose une reconnaissance malgré les changements et les aléas de la vie. Malgré la déformation du temps sur le corps des différents personnages, le narrateur parvient, au moment du « bal de têtes » dans *Le Temps retrouvé*, à saisir l'essence véritable, les schèmes généraux des personnages[1]. La vue déformante du temps n'invalide pas la reconnaissance, mais permet au contraire au narrateur d'identifier les êtres sans pour autant les reconnaître intégralement. La déformation confirme l'hypothèse d'un mouvement général essentiel, qui ne signifie pas une reconnaissance intégrale, une copie conforme, mais une reconnaissance, une confirmation malgré les modifications que le temps fait subir. Le thème général est ce qui rend possible cette reconnaissance dans et malgré la différence de ses apparences changeantes. Chaque moment contracte ce qui se répartit toujours. Les mille positions qu'on peut adopter se contractent en une seule attitude générale, que notre propre œil ne perçoit pas pour nous même, mais que celui des autres perçoit, et qui devient l'identité de l'individu perçu.

1. « La vue non d'un monument, mais d'une personne située dans la perspective déformante du temps. » (*Ibid.*, p. 232.)

Observer l'expressivité

Le mouvement général, le thème fondamental, se situe en profondeur et nous ne le saisissons qu'en surface. Mais toute manifestation extérieure dévoile l'intériorité.

La voix, la sonorité des diphtongues, l'énergie des labiales, la diction, miment l'être. Nos intonations contiennent l'essence et ce que la personne se dit à tout moment sur les choses. Le narrateur de *La Recherche* étudie par exemple l'articulation de Saniette, qui en parlant effleure les syllabes en n'articulant pas assez distinctement. De cette extériorité il en déduit une qualité d'âme : « Il avait dans la bouche, en parlant, une bouillie qui était adorable parce qu'on sentait qu'elle trahissait moins un défaut de la langue qu'une qualité de l'âme [...] Toutes les consonnes qu'il ne pouvait prononcer figuraient comme autant de duretés dont il était incapable[1]. » Le narrateur ne s'arrête pas simplement à l'extériorité de la voix, aux seules intonations, car se limiter à cette observation serait superficiel. Mais la forme étant l'expression du fond (l'être véritable), il faut partir de cette forme, de ce premier niveau, pour découvrir la vérité que la forme recèle et révèle. C'est-à-dire que tout est révélateur, tout signifie l'intériorité, y compris ce qui en paraît le plus éloigné, à savoir l'extériorité des manières.

C'est pourquoi l'écriture, tout comme la voix, apparaît aussi comme une extériorité à partir de laquelle l'intériorité se révèle : « Je reconnaissais tout de suite quand c'était de lui que venait une lettre, car elle avait

1. M. Proust, *Du côté de chez Swann*, *op. cit.*, p. 298.

toujours ce second visage qu'un être montre quand il est absent et dans les traits duquel (les caractères de l'écriture) il n'y a aucune raison pour que nous ne croyions pas saisir une âme individuelle aussi bien que dans la ligne du nez ou les inflexions de la voix[1]. » L'écriture de Mme de Cambremer mime directement sa personnalité, elle en est comme le signe et l'indice : « Avec ce rien d'encre, l'écriture traduisait une individualité désormais pour moi reconnaissable entre toutes[2]. »

Si l'extériorité mime l'intériorité, on comprend pourquoi les tics présentent moins un trouble psychologique qu'une forme d'authentification. Albertine, qui incarne la fausseté et la tromperie par excellence, ne cesse de dire « c'est vrai ». Legrandin, ayant contracté de sa fréquentation des « mauvais » lieux et de sa crainte d'y être vu l'habitude de franchir furtivement les seuils, ne cesse de franchir les portes en coup de vent, par une sorte de dérobade rapide.

Si le narrateur accorde une primauté à l'extériorité, c'est que la signification (le sens voulu par l'esprit) lui semble souvent trompeur, et l'expressivité (le langage incontrôlé du corps) plus véritable. Aussi les paroles ne signifient-elles bien souvent que le contraire de ce que l'individu souhaite dire ! Si nous avons parfois tendance à croire aux paroles, aux mots énoncés, la vérité d'un être ne peut pourtant se fier à ses mots : « Dès qu'on s'approche des êtres, des existences, les étiquettes et les compartiments faits d'avance sont trop simples[3] ». Ces étiquettes trahissent plus qu'elles ne traduisent l'être profond : « Depuis longtemps je savais que nos pensées

1. M. Proust, *À l'ombre des jeunes filles en fleurs*, *op. cit.*, p. 432.
2. M. Proust, *Sodome et Gomorrhe*, *op. cit.*, p. 336.
3. M. Proust, *La Prisonnière*, *op. cit.*, p. 286.

ne s'accordent pas toujours avec nos paroles[1]. » On parle pour mieux dissimuler ce qu'on pense et non pour l'exprimer. Cela signifie une nouvelle fois que la vérité d'un être est déliée de l'intelligence et des catégories de l'esprit. La véritable identité est celle qui transparaît dans les apparences, l'extériorité, celle qui mime (sans que le sujet en ait l'intention) l'intériorité, celle qui relève non de l'esprit, mais de la perception : « Notre tort est de croire que les choses se présentent habituellement telles qu'elles sont en réalité, les noms tels qu'ils sont écrits, les gens tels que la photographie et la psychologie donnent d'eux une notion immobile. En fait ce n'est pas du tout cela que nous percevons d'habitude[2]. » Ce que nous percevons se distingue des catégories objectives usuelles (les noms, les photographies, la psychologie) que l'intellection élabore. Ici, c'est la perception qui mène droit à l'être, et les catégories objectives qui en éloignent. L'extériorité perçue est l'apparence multiple et mouvante que peut revêtir un être, alors que l'objectivité est une fixation qu'effectue l'intelligence. Si l'objectivité est une image fixe, et donc nécessairement fausse, l'extériorité est un mouvement perpétuel qui révèle la réalité multiple et changeante, donc plus véritable et authentique de la personne en question. Les catégories éloignent, parce qu'elles immobilisent et figent la réalité toujours mouvante et fluide de l'individu perçu. C'est pourquoi il faut paradoxalement traverser le mur de l'objectivité pour parvenir à « la radiographie au moins sommaire de la réalité insoupçonnable[3] ». Ce qui signifie que l'objectivité n'est pas

1. M. Proust, *Le Temps retrouvé*, *op. cit.*, p. 111.
2. M. Proust, *Albertine disparue*, *op. cit.*, p. 154.
3. M. Proust, *À l'ombre des jeunes filles en fleurs*, *op. cit.*, p. 157.

à confondre avec l'extériorité. Tandis que l'objectivité identifie et éloigne de la vérité, l'extériorité reste dans le mouvement de la vie et en ce sens authentifie. Si l'identité est du côté de l'objectivité, le sentiment de l'autre est du côté de l'extériorité et de son expressivité.

Se faire spectateur

Si la forme parle pour le contenu, l'individualité de l'individu se révèle moins par un acte réfléchi que spontané. La manière de parler, d'écrire, de rire est d'autant plus authentique qu'elle n'est pas contrôlée par l'intelligence. La saisie de l'être consiste à débusquer le vrai sous la multitude des masques que façonne l'intelligence. C'est en se concentrant davantage sur les moments où les manifestations diverses des individus se mettent à vivre pour ainsi dire d'elles-mêmes, indépendamment de leurs intentions, que l'on accède à leur intériorité. Encore faut-il pour cela se situer dans un certain état de disponibilité, ou de « superficialité ». Nous voulons dire par là qu'il ne faut pas être dans le contenu des discussions, ou dans le sens de l'action même, mais être comme en distance par rapport à ce qu'il se passe de factuel. Pour saisir, le vrai, encore faut-il pouvoir se déconnecter du factuel pour voir les scènes en tant que spectateur et saisir ce qui apparaît comme un écart, une turbulence par rapport à ce que l'individu souhaite faire paraître.

Partir du corps

Cela montre l'inextricable et constant entremêlement de l'intérieur et de l'extérieur, du profond et du superficiel, de l'apparence et de l'être, pour accéder à l'identité de l'autre. Jamais un comportement ne doit être séparable d'un état d'être. « Je m'aperçus alors que ses yeux, qui n'étaient jamais fixés sur l'interlocuteur, se promenaient perpétuellement dans toutes les directions, comme ceux de certains animaux effrayés, ou ceux de ces marchands en plein air qui, tandis qu'ils débitent leur boniment et exhibent leur marchandise illicite, scrutent, sans pourtant tourner la tête, les différents points de l'horizon par où pourrait venir la police[1]. » S'intéresser au spectacle des gestes, c'est comprendre qu'ils reflètent et miment une situation psychologique, révélatrice de l'âme.

La démarche est ici totalement inverse à celle couramment utilisée pour se connaître, à savoir une démarche objectiviste par laquelle nous sommes généralement invités à parler de nos états d'âme de façon objective, comme on parlerait en tant que spectateur d'un fait divers. Ici, en nous appuyant sur Proust, nous proposons une perspective opposée : on ne parle pas de l'intériorité comme d'une extériorité, mais on parle de l'extériorité comme d'une intériorité, comme le reflet de l'âme. Ce n'est pas la subjectivité qui s'objectivise, mais l'extériorité qui se subjectivise. Ce sont les données sensibles, corporelles, tangibles, qui sont les points de départ de l'analyse, et non les idées ou les propos que les personnes tiendraient sur elles-mêmes. Ce que les êtres sentent, ressentent, désirent, se lit, se reconnaît dans leurs mimiques, leurs intonations, leurs visages, leurs habitudes verbales, davantage que dans l'interprétation et l'analyse qu'ils font eux-mêmes ou que nous faisons nous-mêmes.

1. M. Proust, *À l'ombre des jeunes filles en fleurs*, *op. cit.*, p. 326.

Appréhender l'autre comme une matière

L'identité de l'autre s'apparente donc à une expérience sensible qui se reconnaît à la qualité du détail : le grain de la matière, le velouté de la chair, la couleur de la lumière, les sons vibrants. « Là où je cherchais les grandes lois, on m'appelait fouilleur de détails[1]. » C'est une représentation non pas cérébrale, mais charnelle et sensorielle. Cette version identitaire s'oppose à une représentation de type rationaliste, volontariste, intentionnelle, et correspond davantage à une approche phénoménologique, se concentrant sur l'extériorité, puisque le sentiment de l'autre ne s'atteint ni par l'intelligence rationnelle ni par la volonté introspective, mais par une certaine disponibilité aux apparences. C'est au moment où l'on se détache du sens, pour mieux se concentrer sur les sens, que l'on ressent cette joie liée à la découverte d'une essence : « J'admirais l'impuissance de l'esprit, du raisonnement et du cœur à opérer la moindre conversion, à résoudre une seule de ces difficultés, qu'ensuite la vie, sans qu'on sache seulement comment elle s'y est prise, dénoue si aisément[2]. » Cela signifie que l'observation mène à la signification, que l'accessoire est l'accès vers l'essentiel. Saisir l'essentiel se fait aux dépens de l'intelligence et de la conscience puisque l'accessoire dépend de l'extériorité, des circonstances et des sens. Rien ne semble donc plus authentique, essentiel et intime que ce qu'il y aurait d'involontaire, d'extérieur, et de contingent en nous.

1. M. Proust, *Le Temps retrouvé*, *op. cit.*, p. 346.
2. *Ibid.*, p. 80.

Maurice Merleau-Ponty, qui analyse le rapport au sensible dans l'œuvre de Marcel Proust, montre dans les dernières pages de son ouvrage *Le Visible et l'Invisible*[1] en quoi l'auteur de *La Recherche* a su dévoiler l'essence qui se niche au sein même du sensible, et qui, sans sensible, s'évaporerait : « c'est sous de petites choses [...] que la réalité est contenue[2] ». La littérature proustienne constitue pour Merleau-Ponty l'expérience même du monde sensible, c'est-à-dire l'exploration d'un invisible qui n'est pas au-delà du visible, mais sa texture même. Merleau-Ponty reconnaît à Proust le mérite d'avoir décrit l'idée non comme ce qui serait contraire au sensible ou au-delà de lui, mais comme « la doublure et la profondeur[3] » du sensible. « Il n'y a pas de monde intelligible, *il y a* le monde sensible[4] », ce qui revient à dire que l'invisible est « l'armature intérieure du visible qu'il manifeste et qu'il cache[5] ». Les essences des personnages ne sont en effet jamais irréductiblement logiques ou intellectuelles dans *La Recherche*. Si la vérité de l'être n'est pas de l'ordre de l'intellect pur, de l'intelligence froide, c'est qu'elle demeure ancrée dans le sensible, dans la chair, dans la manière d'appréhender la matière.

1. M. Merleau-Ponty, *Le Visible et l'Invisible*, Gallimard, Paris, 1988.
2. M. Proust, *Le Temps retrouvé*, *op. cit.*, p. 201.
3. M. Merleau-Ponty, *op. cit.*, p. 193.
4. *Ibid.*, p. 263. Souligné par l'auteur.
5. *Ibid.*, p. 193.

Le sentiment de nous, la paix et la liberté

Le sentiment de nous

L'identité collective nous semble relever, tout comme le sentiment de soi ou la rencontre avec autrui, davantage du registre des sentiments (fierté ou peur), que d'une idée, d'une injonction ou d'un concept.

Le sentiment collectif ne résulte plus d'un idéal politique. Le sens collectif ne procède pas davantage de formations en « team-building » nous enseignant d'un ton plus ou moins docte comment être solidaires et unis ! Le sentiment collectif ne découle pas non plus d'une identité sur laquelle personne ne s'accorde unanimement et dans laquelle tout le monde devrait pourtant se reconnaître. Le collectif ne provient pas non plus d'un objectif commun. Quand nous prenons l'avion, nous avons avec les nombreux autres passagers le même but : arriver à destination sain et sauf. Aucune solidarité, aucune unité, aucun sens collectif ne s'établit pour autant. En déterminant un objectif partagé, l'activité réunit les hommes tout en pouvant les laisser extérieurs les uns aux autres.

Prenons quelques exemples de force collective. Ils présupposent généralement le sentiment d'un risque, d'une menace, sinon d'un danger. Quand les ouvriers se montrent-ils les plus solidaires ? C'est en général quand l'usine menace de fermer et qu'ils ont bien conscience des conséquences désastreuses pour leurs vies personnelles. Quand une équipe de sport fait-elle preuve d'un puissant esprit collectif ? Lorsqu'elle a conscience de pouvoir perdre un titre ou un match important, et qu'il y a de l'enjeu, de la pression. Quand les rassemblements collectifs que sont les associations se créent-ils ? Lorsque la conscience d'un risque souvent lié à un drame personnel se partage. Pourquoi les militaires font-ils preuve d'un esprit de corps incomparable ? Parce que le danger sinon la mort sont des éventualités contenues dans chacune de leurs actions ou presque. Nous pourrions multiplier les exemples. Nous verrions qu'il faut toujours que l'individu ressente dans sa chair la possibilité d'un risque personnel pour ressentir la nécessité d'une action commune et s'engager. Sans l'existence d'une menace, d'un risque, nous nous réunissons, mais nous ne faisons pas corps. La menace d'une concurrence, d'une injustice, d'une faillite, de perdre un territoire, un match, un prestige, etc. a cette vertu de souder les personnes concernées. La Covid-19 a particulièrement mis en danger notre santé, mais aussi notre vie sociale et économique. Il a exigé l'unité de tous pour que chacun retrouve sa propre sécurité au travers d'une action commune. Le sentiment d'un « nous » n'a pas été le résultat d'un concept, d'une idée, d'une injonction moralisatrice venant de l'extérieur, ni de la convergence d'ambitions communes, mais a eu sa source en lui-même, dans la conscientisation d'une menace pour sa propre sécurité physique ou celle de son entourage proche. Pensons à l'avenir que c'est sur cette fusion compréhensive, et non sur de la bien-pensance collectiviste niaise, que la véritable solidarité s'édifie. Pensons également que la solidarité, le sentiment d'un nous, étant lié à la conscientisation d'un risque, il est vain de demander au collectif en question d'être en permanence engagé, motivé et uni. L'engagement collectif suit le mouvement de la conscience qui n'est pas linéaire et constant. On en a eu la preuve encore une fois avec la Covid. Nombreux sont ceux qui se précipitaient sur leur balcon pour applaudir le personnel soignant lors du premier confinement. L'élan de solidarité nationale étant lié à la conscience du risque, il en est tout à fait autrement aujourd'hui. Plus personne n'applaudit ce personnel alors que celui-ci n'a pas un besoin moindre de reconnaissance et de moyens. Mais la conscience du risque étant moins vive, la solidarité nationale s'estompe.

La conscientisation d'un risque n'étant pas permanente et continue, le collectif ne peut être que fluctuant, impermanent, ponctuel. C'est donc le risque qui soude, qui unifie les êtres, qui les fait vivre et vibrer ensemble, et certainement pas une étiquette identitaire qui identifie tout le monde sans individualiser personne. Connaître le sentiment d'un « nous » sans tomber dans l'impasse identitaire ou communautaire est le prix de la paix et de la liberté.

Le prix de la paix et de la liberté

- La religion dépourvue de mission identitaire atténue le radicalisme

« Grâce à la religion j'ai enfin trouvé un sens à mon existence, pourquoi je suis sur terre, je sais qui je suis », entend-on parfois de la part des plus anémiés en identité. Les exemples de terroristes ou de propagandistes, qui justifient les pires exactions par leur accomplissement identitaire à travers la religion, sont nombreux. Les individus en carence identitaire et en quête de sens trouvent une réponse immédiate dans la parole religieuse. Celle-ci fixe des fins à l'existence humaine. De même qu'un objet est « fait pour », l'homme serait « fait pour » les desseins de son créateur. Se savoir « fait pour » renforce le sentiment d'exister et le sentiment d'identité en justifiant soudainement l'existence. Cette lecture identitaire de la religion fait de l'homme un échantillon, un spécimen, un exemplaire dont l'existence serait la conséquence d'une essence préalablement déterminée par Dieu. Obéir à une mission peut donner un sens à sa vie, bien sûr, mais ce sens restera inéluctablement une obéissance, une soumission, au point parfois de commettre les pires exactions. C'est que le sentiment d'être, l'identité enfin trouvée, l'emporte sur celui de la liberté.

C'est pourquoi le besoin de religiosité doit se dissocier de celui d'identité. Séparer le religieux de l'identitaire permettrait de limiter fanatisme et terreur. Sans cette séparation, qui va bien au-delà de la séparation entre les Églises et l'État, la religion restera meurtrière parce que chargée d'un investissement identitaire auquel l'individu sans densité ne peut résister. Sortir d'une lecture identitaire de la religion récuserait l'idée d'un être humain programmé, déterminé, missionné (parfois pour le pire). Il ne s'agit pas, en séparant le religieux de l'identitaire, de remettre en cause la religion et le désir de spiritualité, mais de questionner leur fonction d'appel identitaire. Le désir de religion n'est pas la même chose que s'identifier à la religion. Soustraire l'identitaire au religieux permet d'en garder la philosophie, les idées régulatrices, les idéaux sans en accomplir les pires offices, toujours commis au nom d'une mission divine et d'un accomplissement personnel.

- Penser les peuples sans assignation identitaire atténue le racisme

Le racisme pose que l'individu n'est qu'un représentant d'une catégorie plus générale. Pour tout raciste, il n'y a pas d'abord des personnes, mais avant tout des catégories identitaires : « c'est un Noir », « c'est un Juif », etc. Le racisme pose que les membres d'un même peuple sont porteurs d'une identité et de caractéristiques spécifiques propres à celle-ci, dont on ne peut déduire des comportements.

Il est frappant de remarquer que l'antiracisme actuel qui prend des allures de tolérance et de justice mène tout droit au racisme. C'est un racisme qui se prend pour du respect et qui n'ose pas voir que catégoriser les individus à partir de leur race – quand bien même cela se fait au nom d'une plus grande tolérance et d'une plus juste égalité – est tout simplement une idéologie pigmentaire qui juge des personnes sur leur épiderme et non sur leur qualité individuelle. En incarcérant chacun dans son ethnie et sa communauté, l'antiracisme réimplante l'existence de lignages et ranime une forme de racisme.

L'universalisme qui lui fait face ne semble pas une solution. Nier les identités spécifiques au nom d'un universel abstrait ne mène, on le voit chaque jour, qu'à des renforcements communautaires qui dénoncent un racisme systémique aveugle. Rappelons cependant que pour qu'il y ait une discrimination réelle ou apparente, encore faut-il, premièrement une base sur laquelle la discrimination est facilement identifiable. Deuxièmement, refuser l'étiquette de racisme systémique ou structurel ne revient pas à nier le racisme. Il y a du racisme en France, ou plutôt des racismes multiples. Troisièmement, un amalgame se joue entre la perception de la même chose et le combat des mêmes abus. Pour l'antiracisme actuel, ne pas voir équivaut à contribuer. Or nous pouvons combattre le racisme sans le voir dans chaque Blanc ! Enfin, l'émergence de réactions identitaires de plus en plus virulentes n'est que la conséquence paradoxale d'une égalité plus juste et réelle. Moins il y a de discriminations réelles, plus les protestations contre les discriminations subsistantes se multiplient, tel est le paradoxe que Tocqueville avait relevé. Les revendications identitaires actuelles ne sont donc que les signes d'une égalité toujours plus forte.

Il n'empêche que l'universalisme apparaît aujourd'hui comme un concept de sauvetage impuissant, parce que désincarné, et ne semble plus suffisant pour faire face aux communautarismes et à l'identitarisme woke revêche. Être un humain ou un citoyen n'est pas suffisant, mais être un Noir, un Arabe ou un Blanc est trop restreint. Alors comment dépasser l'identitarisme étriqué sans tomber dans l'universalisme indifférenciant ?

Le secret réside dans l'utilisation des catégories identitaires. Ni les nier (limite de l'universalisme) ni les sacraliser (limite du communautarisme). Il est évident qu'aucun individu ne peut se penser universellement, décontextualisé, délié de toute appartenance, dégagé de sa couleur de peau. Nous sommes tous blancs, noirs, chrétiens, musulmans, juifs, athées, etc. Pour conserver le sentiment de « soi » sans tomber dans la gangue identitaire ni dans la fuite universelle, encore faut-il ne pas gommer les différences, ni se subordonner à une communauté d'appartenance, mais conserver l'appartenance tout en la subordonnant. Maintenir cette conscience sans s'y soumettre consiste à faire de ces classements identitaires non des buts mais des emprunts, non des armures mais des habits, non des acquis mais des prêts.

• Décorréler la réussite de l'identité consacre le mérite

La parité est un identitarisme puisqu'elle n'indifférencie pas les hommes et les femmes, mais insiste au contraire sur l'identité féminine comme critère de sélection. À croire, pour certains et surtout certaines, qu'il s'agit toujours de monter à l'attaque contre quelque chose, et à faire croire que les combats d'aujourd'hui sont équivalents en difficulté et en courage à ceux d'autrefois, certains et surtout certaines perdent encore leur temps à défendre aujourd'hui une cause (dé)passée. Si certaines injustices salariales sont encore à combattre, la cause paritaire, identitariste féministe, est bel et bien démodée. En 2022, en France, la question de savoir si les femmes, parce qu'elles sont femmes, peuvent être éligibles dans les différentes assemblées, entreprises, fonctions, est désormais incongrue en droit comme en fait. Les femmes dirigent des journaux, sont ministres, directrices générales, médecins, astronautes, et les postes les plus prestigieux sont tous accessibles aux femmes. Si cette liberté d'exercer le métier que l'on souhaite est acquise depuis des années, nous le devons aux féministes universalistes du siècle passé, ayant conquis les droits républicains et fait des femmes des sujets à part entière de la représentation économique et nationale. Or, plus de cinquante ans après, certaines néo-féministes parfois venimeuses, souvent animées d'une frénésie persécutrice et d'une récrimination rigoureuse, affamées de quotas stricts, ne salivent qu'à l'idée d'une égalité statistique parfaite, traquent les moindres disparités, terrorisent les hommes par leur exigence infinie de repentance, et certaines « en tant que femmes » vont jusqu'à invoquer ce principe « différentialiste », le même ayant servi les hommes pendant des siècles à justifier dans tous les domaines l'infériorité féminine ! Oui mais « les femmes sont encore sous-représentées dans certains secteurs ou à certains niveaux », rétorquent avec véhémence les propagandistes du bienfait paritaire ! Mais si les femmes sont moins nombreuses à certains postes, cela ne veut pas du tout dire qu'elles soient sous-représentées pour autant ! La confusion se joue entre représentation et représentativité. La représentation est un principe républicain, qui dépasse les signes identitaires. Un homme, un avocat par exemple, peut représenter une femme, une femme peut représenter un homme. La représentativité est le rapport numérique et identique entre les sexes, selon lequel il faudrait des femmes pour représenter des femmes. L'identité se substitue insidieusement à l'égalité dans l'idée de représentativité. Les thuriféraires de la parité ne s'arrêtent pas à l'argument de la représentation, mais visent bien une égale représentativité, un partage strictement égalitaire entre les sexes. C'est avouer à leur insu que le combat est davantage une lutte de pouvoir, d'occupation identitaire, de présence représentative, qu'un combat pour la liberté d'être représentée. Par ailleurs, en quoi les femmes seraient-elles mieux représentées par des femmes ? Entre un avocat masculin brillant ou une femme avocate moins douée, je choisis l'homme ! Reste contestable l'affirmation selon laquelle, à niveau égal, seules des femmes seraient capables de mieux représenter les femmes. C'est faire des femmes un groupe homogène, susceptible de porter une revendication catégorielle en fonction d'une nature supposée. C'est le rêve d'une sororité harmonieuse que la réalité ne cesse pourtant de démentir. Il suffit de voir les disparités entre femmes sur divers sujets, et ne serait-ce que sur celui de la parité, pour se défaire de toute illusion d'uniformité féminine ! En outre, la notion de sororité fait inévitablement glisser les esprits vers les clichés essentialistes les plus éculés : plus douces, plus compréhensives, seules capables de se comprendre entre elles, etc. Défendre la sororité revient à défendre une spécificité féminine, une essence féminine, une identité féminine. Les raisonnements essentialistes de ce genre sont évidemment à bannir pour le simplisme et la réduction qu'ils font d'un être humain à ses caractéristiques biologiques. Enfin, si les femmes sont moins représentatives, cela peut être lié à de multiples facteurs. L'argument du plafond de verre remet sur la misogynie de la classe politique ou économique cette disparité. Il est certes plus facile d'accuser l'autre sexe que de questionner le sien, c'est un procédé éprouvé. Mais travailler à plein temps et élever des enfants tout en restant pimpante n'est pas à la portée de la première venue ! La difficulté à cumuler vie de famille et vie professionnelle est l'une des explications majeures de la disparité statistique. Aussi le vrai problème pour les femmes n'est-il pas tant celui des quotas que celui des conditions leur permettant d'exercer pleinement de hautes responsabilités sans être débordées par les tâches domestiques. Agir politiquement, socialement, économiquement, sur la répartition des tâches familiales et ménagères nous semble un enjeu bien plus fondamental pour la liberté des femmes que de savoir s'il faut deux ou huit femmes à un conseil d'administration pour obéir à la démagogie inclusive.

Autres rengaines radotées par les marionnettes ventriloques de la cause paritaire : « la parité est une promesse de richesse », « les différences entre hommes et femmes restent incommensurables, et nécessaires pour le bon travail d'équipe » ! Les panégyristes paritaires les plus friands répètent avec fierté et lyrisme ces remarques aussi niaises que convenues ! Le vice de forme de cette pastorale réside dans le fait d'insister encore une fois sur les différences biologiques, et d'aller ainsi à l'encontre de l'émancipation féministe qui a toujours pensé la femme comme pouvant s'arracher à ces prérogatives naturelles quand il s'agit de travail, de réflexion, de responsabilité et de décision.

« Mais la parité est nécessaire de manière transitoire. Il faut bien des quotas pour permettre l'accès des femmes à des hautes responsabilités, sinon elles ne passeront jamais ce fichu plafond de verre ! » est un des poncifs les plus rances de la diatribe paritaire. Car là aussi cet argument reste nivelant pour la femme, pensée comme incapable de réussir par elle-même ! Certaines femmes se sentent en effet amoindries par la parité qui nivelle leur mérite ou leur talent au simple fait d'être une femme, et donc à sa différence biologique pour laquelle elle n'a aucun mérite ! Que pèsera la victoire de quelques-unes face au soupçon qu'elles ont vaincu, non par leur mérite, leur travail ou leur talent propres, mais par discrimination positive ?

Enfin, si l'argumentation rationnelle ne suffit pas à anéantir les insuffisances de l'argumentaire identitariste féminin, l'histoire des idées est en train d'en avoir définitivement raison. Raisonner en termes de parité revient systématiquement à essentialiser les femmes, et à les réduire à leur condition biologique. Or, depuis toujours en pratique, et depuis l'apparition du genre en théorie, les vieilles catégories sexuées se trouvent dépassées par la fluidité des identités. Si les paritaristes affrontaient les réelles difficultés, ils verraient bien que le débat ne se joue plus entre eux et les universalistes, entre quotas ou mérite, mais entre partisans de la catégorisation sexuée et partisans du mélange des genres. Les deux sexes anatomiques n'étant plus que des vieilles lunes inventées par le patriarcat et en cours de liquidation totale par notre époque, les paritaristes risquent d'être bientôt démodés ! Ironie de l'histoire qui fait des paritaristes se voulant progressistes des arriérés identitaires ! Notre époque semble en effet mettre un terme définitif aux affres des deux sexes, en déplaçant insidieusement le conflit social du féminin et du masculin vers l'intimité de l'âme humaine. La question de la répartition de la part masculine et féminine au sein du même « moi » semble plus d'actualité que celle de la répartition sexuée d'un comité exécutif. Les fixettes paritaristes sont aujourd'hui ringardisées par le vagabondage identitaire. Quoi qu'il en soit, sortir de la parité, de cet identitarisme féminin, permettrait enfin aux femmes d'être reconnues non pour leur sexe, mais pour leur mérite, leur travail et leurs qualités personnelles.

- Penser la diversité sans catégorie identitaire entraîne la reconnaissance

Parler de diversité revient souvent à jouer à la surface de sa réalité, car croire à la diversité en tant que telle revient à la nier ! La diversité ainsi brandie et invoquée est un universel abstrait auquel on accorde une réalité. Croire à la réalité des universaux, telle que la diversité, conduit à valoriser l'individu qui en fait partie, non en tant que singularité, mais en tant qu'échantillon. C'est pourquoi les personnes handicapées, de couleur, de genres différents, ne sont parfois prises en compte que pour leur figuration diversitaire. Sous couvert d'intégrer une personne issue de la diversité pour sa différence et les richesses que cette dernière peut apporter, on ne la recrute au fond que pour son appartenance à une identité d'ensemble, à une catégorie diversitaire à arborer. Il ne faut pas forcément cette personne noire, mais un Noir. Il ne faut pas forcément cette personne handicapée, mais un handicapé.

L'adjectif devient sournoisement substantif. L'individu n'est pas valorisé pour ce qu'il est, pour sa singularité, mais pour son apport statistique à un ensemble.

Si cette démarche peut avoir des atouts et s'avérer nécessaire comme première étape permettant l'embauche de profils différents, la véritable diversité supposera d'abandonner ces catégories diversitaires pour ne jamais faire d'un être humain un échantillon, d'un individu une vitrine valorisante. Tant que les personnes sont là pour leur appartenance à une classification identitaire et non pour elles-mêmes, pour leur mérite ou leur personnalité, la diversité arborée n'est que mascarade démagogique.

• Détacher l'identité du corps autorise l'authenticité

Penser que l'identité procède du corps, déduire une identité à partir du sexe biologique, ne mène qu'au déterminisme sexiste. Penser le biologique comme une identité est en effet la position sexiste par excellence, qui a toujours entrevu le corps comme une immanence déterminante. Le corps déterminerait l'identité, et l'identité devrait correspondre à la configuration du corps. Une femme doit être féminine, un homme masculin. L'identité ainsi pensée conduit aux stéréotypes les plus éculés. Dans cette identité sexiste ne s'exprime aucunement la liberté, la subjectivité de l'individu.

Si les données biologiques sont certes réelles et à considérer, elles ne constituent pas pour autant une identité écrite et figée. Elles inclinent sans nécessiter, pour reprendre une distinction de Leibniz. La femme comme l'homme ne peuvent être réduits à leurs données biologiques. Nous sommes des êtres en devenir, des êtres historiques et libres, aussi le biologique n'est-il pas un conditionnement quand bien même il est une condition d'existence. Le corps est une situation, non une détermination, si on reprend le vocabulaire sartrien. Le biologique est une donnée, mais une donnée n'est pas une irréductibilité. Autrement dit, nous partons tous de cette condition biologique première, mais les directions qui s'offrent à chacun d'entre nous sont multiples et toutes possibles. Le sexe biologique pensé comme une identité en fait un déterminisme sexiste. Le sexe biologique pensé sans identité ouvre les possibles et autorise la liberté.

- Ne pas faire d'une volonté une identité permet de rester aux prises avec le réel

À l'opposé du sexisme, les théories du genre poussées à l'extrême font de l'identité sexuelle une question de volonté. L'identité sexuelle est soudainement déliée du biologique. Ce n'est plus le corps qui la détermine, mais l'esprit. Qu'est-ce qu'une femme ? Qu'est-ce qu'un homme ? Toutes ces questions sont détachées et détachables de la nature et de leurs aspects purement physiologiques. Le fantasme de la désincarnation s'exprime à travers cette conception constructiviste de l'identité sexuelle. Ce fantasme est le symptôme d'un rationalisme exacerbé, qui pense le réel malléable au gré des volontés et des désirs. Si l'identité n'est plus qu'une question de volonté, cela signifie que l'homme n'aménage pas seulement le réel, n'améliore pas seulement ni ne transforme le réel, mais le recrée par la seule puissance démiurgique de sa volonté. Tout ancrage dans le biologique étant à bannir, le réel n'est plus qu'une contrainte réactionnaire. Il est certes acquis et admis que nombre de femmes et d'hommes n'ont pas le genre de leur sexe, se sentent homme dans un corps de femme et inversement. L'anatomie n'empêche en rien une dysphorie de genre. Pour être une femme ou un homme, encore faut-il s'éprouver tel. Mais suffit-il pour autant de vouloir pour être ?

Penser que l'identité procède d'une volonté ne mène là encore qu'à une impasse. En niant le biologique, le réel, le factuel, les néo-féministes « genristes » évitent d'aborder l'une des grandes difficultés de la femme : son corps. Ce dernier peut en effet être ressenti comme une mécanique complexe, excédant le pouvoir de la femme qui l'habite, en fonctionnant indépendamment de sa volonté. Chez la femme, dit Beauvoir, « l'espèce a pris possession d'elle [...] De la puberté à la ménopause elle est le siège d'une histoire qui se déroule en elle et qui ne la concerne pas personnellement[1] ». Dès la puberté, toute jeune femme ressent plus ou moins une difficulté à laisser l'espèce, la nature, le biologique prendre l'ascendant sur elle-même. Elle comprend qu'elle ne pourra jamais faire ce qu'elle veut de son corps. Elle lui sera à jamais soumise, et cette contrainte diminue son sentiment de liberté. Contrairement à l'homme pour qui son corps est l'expression claire et directe de sa subjectivité, la jeune fille éprouve une fatalité biologique : « Une vie têtue et étrangère en elle chaque mois se manifeste », dit Beauvoir. Se rendre à la piscine, se baigner, faire l'amour, tous ces actes sont des plaisirs pour le garçon et des plaisirs à complications pour la fille. Faire comprendre que le sexe ne suffit pas à déterminer la masculinité ou la féminité est une chose, penser qu'il n'y a aucune différence entre le garçon et la fille en est une autre. Refuser le constat du corps, c'est refuser le réel selon lequel « l'existant est un corps

1. S. de Beauvoir, *op. cit.*, t. I, Gallimard, 1986, p. 65 et 66.

sexué[1] », dit Beauvoir. Ceux qui critiquent la formule « On ne naît pas femme : on le devient[2] » en faisant croire que Beauvoir minimise ou éradique les aspects biologiques en ont eu une lecture soit inexistante soit malhonnête. Jamais Beauvoir n'a récusé l'importance du biologique. Toute la première partie de son livre *Le Deuxième Sexe* montre à quel point le système reproducteur commande le corps, et comment l'épanouissement personnel dépend de l'épanouissement génital. « Ces données biologiques sont d'une extrême importance : elles jouent dans l'histoire de la femme un rôle de premier plan, elles sont un élément essentiel de sa situation[3]. » Être féministe ne consiste donc pas à nier le corps en estimant qu'être une femme est une question de simple volonté. C'est au contraire prendre en compte la corporéité. C'est pourquoi les néo-féministes sont une nouvelle fois antiféministes, en ce qu'elles ne font pas cas de ce qui fait l'une des difficultés de la femme. Esquiver le réel ne résout jamais ses complexités.

Revendiquer pour les femmes tous les droits, toutes les possibilités de l'être humain en général, ne signifie pas qu'on doive nier sa situation singulière et les difficultés physiologiques qui lui sont liées. Ne pas faire de l'identité une question de volonté permettrait de rester aux prises avec le réel et de mieux comprendre ce qu'est la vie d'une femme et les difficultés qui lui sont liées.

1. *Ibid.*
2. Incipit du tome II.
3. S. de Beauvoir, *Le Deuxième Sexe*, t. I, *op. cit.*, p. 72.

• Disjoindre le plaisir d'une posture identitaire permet la jouissance

Chez l'homme, l'identité masculine n'entame pas le plaisir. Éprouver du plaisir va de pair avec l'image de la virilité. Pour la femme c'est différent. L'identité féminine peut écorner le plaisir. La société et l'imaginaire collectif véhiculent à travers les films, dont la scénographie place régulièrement la femme dans une position de proie charnelle et d'objet de désir, une image de sa jouissance à l'opposé de la femme souveraine apprivoisant son plaisir librement comme elle le souhaite. Prisonnières de ces injonctions sociales et de ces représentations, de nombreuses femmes ne souhaitent pas sortir de la convention et du réconfort de correspondre au modèle type. À l'authentique plaisir charnel, celui de la fuite dans des rôles et des identités figées parfois se substitue. C'est que la convention identitaire rassure et l'emporte sur la liberté. Mais l'identité ne contente qu'en aliénant. Si la satisfaction d'avoir joué la femme et de s'être sentie femme l'a emporté sur celle de son plaisir et de sa liberté, ce n'est qu'au prix d'une objectivation, d'une chosification.

Décorréler le plaisir d'une posture identitaire permet la jouissance. En s'extrayant, par courage individuel et souci de soi, des postures plus stéréotypées les unes que les autres, la femme accède à un plaisir authentique. Relaxer le plaisir de la crainte de ne pas correspondre à la posture adéquate (de soumission généralement) est le seul moyen d'accéder au plaisir libre. Dissocier l'érotisme de l'identitarisme schématique freudien ou pornographique, délivrerait les femmes de l'injonction à devoir jouer la femme. La jouissance, le plaisir libre, se trouve donc à l'opposé de l'identitarisme, ce souci postural qui coupe bien souvent la femme d'elle-même.

• Délivrer la parole de l'identité permet une langue libre

« Vous êtes blanc, vous ne pouvez pas comprendre... », « vous êtes un homme, vous ne pouvez parler de ce problème féminin... », toutes ces phrases qu'on entend régulièrement soulignent la soumission du langage à l'identité des orateurs. Ce que nous disons devient neutralisé au nom de l'identité que nous incarnons, au point d'être essentiellement jugés non sur ce que nous disons, mais sur ce que nous sommes. La langue n'est plus le médium d'une parole libre, mais un enjeu identitaire. Le langage est plus que jamais soumis au souci identitaire, et l'écriture inclusive en est une des illustrations les plus marquantes. L'écriture inclusive moralise le langage à partir de considérations identitaires. Trois voies sont alors possibles : l'adhésion à un langage moralement égalitariste, avec les risques de complication de lecture et de compréhension que ce souci engendre, l'autocensure ou le combat. Et de fait, l'enjeu identitaire transforme inéluctablement une discussion en dispute, un débat en combat, la langue en parole. Or la langue n'est pas la parole. La langue est ce qui échappe au sujet, disait Saussure, elle est la faculté universelle qu'a l'homme d'émettre des signes. La langue dépasse la parole qui est le propre d'un individu particulier. La parole est l'actualisation individuelle de la langue. Si la parole dépend du sujet qui l'émet, la langue ne dépend pas du sujet, son système et son évolution lui échappent. L'homme est dans la langue plus qu'il ne la parle (parole). La pensée est préformée par la langue : « Penser, c'est manier les signes de la langue[1] ». L'illusion consiste à croire qu'on peut dire ce que l'on pense, mais non, on ne pense que ce que l'on peut dire. Plus la langue devient parole, moins on pense, plus on s'affirme. Accorder la parole sans apprendre la langue, c'est gratifier l'identité et désavantager la pensée.

Séparer le langage de sa teneur identitaire permettrait de retrouver derrière la parole la priorité des idées et le vagabondage créateur de la langue. Pour avoir le sentiment de progresser en faisant des concessions, en perdant un débat, encore faudrait-il chercher à progresser en vérité et à reculer en souci égotique. Sans enjeu identitaire, une concession ne serait plus perçue comme une humiliation. Sans enjeu identitaire, la confrontation ne serait plus confondue avec le conflit. C'est à la condition de ne pas faire de chaque mot prononcé un signalement identitaire que l'on retrouverait enfin la richesse d'une langue et les promesses d'une pensée.

1. É. Benveniste, « Catégories de pensée et catégories de langue », in *Problèmes de linguistique générale*, t. I, Gallimard, coll. « Tel », p. 74.

Conclusion

Liberté et reconnaissance

Comment conserver notre liberté et nous constituer sujets quand nous devons répondre à différents rôles qui nous réifient et dans lesquels on aime se complaire ? Comment choisir entre d'un côté la liberté (ne pas être en proie à des volontés extérieures) et de l'autre la sécurité (la facilité du chemin balisé par des rôles comportementaux) ? Entre les décisions, les attentes sociales et familiales multiples et les désirs profonds, il n'y a pas toujours – et plutôt très rarement – coïncidence. La difficulté vient en partie du sentiment déconcertant d'être le siège de contradictions.

Or l'une des moins bonnes réponses pour l'individu est de se réfugier dans une identité. L'identité revient à substituer une résistance objective à une déroute subjective. C'est une dérobade de soi qui transforme l'être en préfabriqué. La tentation, au cœur de chacun, de fuir sa liberté et de se constituer en chose, est facile. Choisir le repli identitaire évite l'angoisse d'une existence authentiquement assumée et d'une liberté sans balise. Chemin perdu, car nous devenons alors la proie de volontés étrangères, de normes comportementales et d'idéologies qui nous éloignent de nous-mêmes. C'est une existence fléchée mais piégée, celle du chien et non du loup de La Fontaine[1]. Chaque fois qu'un sujet tombe dans une identité, il y a dégradation de l'existence, réduction de la liberté en mise en scène. Si cette faillite est imposée, alors l'individu est soumis à une oppression. Si cette faillite est choisie, alors c'est une faute humaine que de se réifier en personnage et de faire de sa vie une comédie schématique.

L'identité est également l'une des moins bonnes réponses qu'un collectif puisse trouver pour se sentir être. Les conflits sexistes, racistes, idéologiques sont pour la plupart des problèmes identitaires, dont l'éloignement avec l'universalisme des Lumières mène aux pires intransigeances égalitaristes. Si, hier, la bataille pour l'égalité était la bonne, elle ne semble plus l'être aujourd'hui. Chercher à prouver que la femme, le racisé, l'homosexuel est égal à l'homme blanc hétérosexuel n'a plus aucune pertinence en France en 2022. Du point de vue de l'égalité des chances, nous ne sommes certes pas égaux, mais du point de vue de l'égalité de droit, le combat est gagné grâce aux combattants des siècles passés. Ce n'est pas par l'identitarisme ni par son exigence égalitariste que nous progresserons désormais vers une plus juste reconnaissance individuelle et paix sociale, mais par la liberté.

Seule la liberté est la condition d'existence des peuples dans leur diversité. N'étant affaire ni de naissance, ni d'éducation, ni de position sociale, comme peut l'être l'identité, la liberté est le principe démocratique par excellence. Or, la démocratie fondée non sur l'identité mais sur la liberté, constitue le mode de gouvernement le plus pacifique qui soit. Si on peut certes l'améliorer sur bien des points, il n'en reste pas moins que

1. J. de La Fontaine, « Le Loup et le Chien », *Fables*, Livre I.

c'est sous cette forme politique, que les nations vivent ensemble dans une paix durable. La démocratie reste à ce jour le modèle politique indépassable, ayant pour principe non pas l'identité, mais la liberté.

Seule la liberté est la condition d'existence d'un être dans sa singularité. C'est parce qu'il n'est pas déterminé par une essence, mais libre d'affirmer sa singularité sans réification possible, que l'homme peut accomplir son avenir, créer son existence, être responsable de sa vie et obtenir une forme de reconnaissance, sans laquelle aucune harmonie collective n'est possible.

Car qu'est-ce que la reconnaissance si ce n'est considérer l'autre comme un sujet, une personne, une liberté ? Reconnaître suppose de considérer l'autre comme un être singulier, un sujet libre, un « soi » unique et choisi. Or l'identité chosifie et schématise. Donc l'identité empêche paradoxalement toute possibilité de reconnaissance. Inspiré de Hegel, Axel Honneth affirme que le contraire de la reconnaissance est la réification. Il ajoute que, dans une société comme la nôtre, où tout est marchandise et donc chose, nous sommes enclins à nous autoréifier, à nous considérer comme des objets. Or la reconnaissance n'est pleine et ne reçoit de réponse que si un individu libre et donc singulier me reconnaît comme un individu libre et singulier.

Cet individu libre et singulier ne peut procéder d'une identité conceptuelle incertaine, de revendications identitaires liberticides, ou d'identités manifacturées. Jamais l'identité n'engendrera donc une forme de reconnaissance contrairement à ce qu'on pense. Celle-ci ne peut provenir que de la liberté. Seule la liberté fait du « moi » un sujet, et pas seulement un exemplaire. Seule la liberté permet de résister aux dogmes identitaires qui n'en finissent pas de se déployer jusqu'à nous perdre dans des appartenances dont toute singularité est exclue. Seule la liberté évite le danger de l'identitarisme, à l'œuvre dans chaque drame collectif et naufrage individuel.

Bibliographie

Augustin, *Les Aveux*, trad. de F. Boyer, POL, 2008.
Beauvoir Simone (de), *Le Deuxième Sexe*, Gallimard, 19XX.
–, *Cahiers de jeunesse (1926-1930)*, Gallimard, 19XX.
Benveniste Émile, « Catégories de pensée et catégories de langue », *Problèmes de linguistique générale*, t. I, Gallimard, coll. « Tel », 1976.
Bergson Henri, *L'Énergie spirituelle*, Puf, édition du centenaire.
–, *Essai sur les données immédiates de la conscience*, Puf, édition du centenaire.
–, *L'Évolution créatrice*, Puf, édition du centenaire.
–, *La Pensée et le Mouvant. Introduction à la métaphysique*, Puf, édition du centenaire.
–, *Les Deux Sources de la morale et de la religion*, Puf, coll. « Quadrige », 2008.
Camus Albert, *Le Premier Homme*, Gallimard, 1994.
Carbone Mauro, *Proust et les idées sensibles*, Vrin, 2008.
Castel Pierre-Henri, *La Métamorphose impensable. Essai sur le transexualisme et l'identité personnelle*, Gallimard, 2003.
Char René, *Le Nu perdu*, Gallimard, 1978.
–, *Feuillets d'Hypnos*, Gallimard, 1946.

Compagnon Antoine, *Proust entre deux siècles*, Le Seuil, 1989.
Descombes Vincent, « “Le pouvoir d’être soi” », *Critique*, n° 529, « Sciences humaines : sens social », 1991.
– et Larmore Charles, *Dernières nouvelles du moi*, Puf, coll. « Quadrige », 2009.
Ehrenberg Alain, *L’Individu incertain*, Calmann-Lévy, 1995.
–, *La Fatigue d’être soi*, Odile Jacob, 2000.
Enthoven Jean-Paul, et Enthoven Raphaël, *Dictionnaire amoureux de Marcel Proust*, Plon, 2013.
Ferret Stéphane, *Le Bateau de Thésée. Le problème de l’identité à travers le temps*, Minuit, 1993.
–, *Le Philosophe et son scalpel. Le problème de l’identité personnelle*, Minuit, 1993.
Ferry Luc, *Qu’est-ce qu’une vie réussie*, Grasset, 2002.
– et Gauchet Marcel, *Le Religieux après la religion*, Grasset, 2004.
Fiasse Gaëlle, *Paul Ricœur. De l’homme faillible à l’homme capable*, Puf, 2007.
Fraisse Luc, *L’Esthétique de Marcel Proust*, Sedes, 1995.
Freud Sigmund, *Malaise dans la civilisation*, Puf, 1986.
–, *L’Inquiétante étrangeté et autres essais*, Gallimard, 1985.
–, *Le Moi et le Ça*, Puf, 1991.
Gauchet Marcel, *Histoire du sujet et théorie de la personne*, Puf, 2009.
–, *La Crise du libéralisme*, Gallimard, 2007.
–, *La Démocratie contre elle-même*, Gallimard, 2002.
–, *La Révolution moderne*, Gallimard, 2007.
–, *Le Désenchantement du monde*, Gallimard, 1985.

Girard René, *Mensonge romantique et vérité romanesque*, Grasset, 1961.
–, *La Violence et le Sacré*, Grasset, 1972.
–, *Je vois Satan tomber comme l'éclair*, Grasset, 1999.
–, *Les Origines de la culture*, Fayard, 2011.
Grimaldi Nicolas, *L'Ontologie du temps. L'attente et la rupture*, Puf, 1993.
–, *Métamorphoses de l'amour*, Grasset, 2011.
–, *Les Théorèmes du moi*, Grasset, 2013.
Henry Anne, *Marcel Proust. Théories pour une esthétique*, réedition numérique, 2015.
Honneth Axel, *La Lutte pour la reconnaissance. Grammaire morale des conflits sociaux*, Cerf, 2000.
Hugo Victor, *Histoire d'un crime*, 1877, La Fabrique, 2009.
Kant Emmanuel, *Critique de la raison pratique*, Puf, 1997.
Kristeva Julia, *Le Temps sensible. Proust et l'expérience littéraire*, Gallimard, Folio Essais, 2000.
La Bruyère Jean de, *Les Caractères*, 1688, Livre de Poche, 1976.
La Fontaine Jean (de), *Fables*, Livre de Poche, 2002.
La Rochefoucauld François (de), *Maximes*, Flammarion, 1976.
Larmore Charles, *Les Pratiques du moi*, Puf, 2004.
Lasch Christopher, *La Culture du narcissisme*, Flammarion, 2006.
Lipovetsky Gilles, *L'Ère du vide*, Gallimard, 2003.
Locke John, *Essai sur l'entendement humain*, livre II, chapitre 27, § 9, trad. Coste modifiée, Vrin, 1972.
–, *Essai sur l'entendement humain*, Le Livre de poche, 2009.
Mauriac François, *Du côté de chez Proust*, La Table ronde, 1947.

Merleau-Ponty Maurice, *Phénoménologie de la perception*, Gallimard, coll. « Tel », 1945.
–, *L'Œil et l'Esprit*, Gallimard, 1964.
–, *Le Visible et l'Invisible*, Gallimard, coll. « Tel », Paris, 1979.
–, *La Nature. Cours du collège de France. Notes*, Le Seuil, 1995.
Montaigne Michel de, *Essais*, Gallimard, 2009.
Nattiez Jean-Jacques, *Proust musicien*, Christian Bourgeois éditeur, 1999.
Nietzsche Friedrich, *Fragments posthumes*, Gallimard, 1979.
–, *Généalogie de la morale*, Poche, 2000.
–, *Aurore*, GF Flammarion, 2012.
Poulet Georges, *L'Espace proustien*, Gallimard, 1982.
Proust Marcel, *À l'ombre des jeunes filles en fleurs*, Gallimard, 1988.
–, *Albertine disparue*, Gallimard, 1992.
–, *Du côté de chez Swann*, Gallimard, 1987.
–, *Jean Santeuil*, Gallimard, 2001.
–, *La Prisonnière*, Gallimard, 1988.
–, *La Revue blanche*, 1893.
–, *Le Côté de Guermantes*, t. I, II, Éditions Bernard Brun, 1992.
–, *Le Temps retrouvé*, Gallimard, 1989.
–, *Les Plaisirs et les Jours*, Gallimard, 1993.
–, *Sodome et Gomorrhe*, Gallimard, 1988.
Renaut Alain, *L'Ère de l'individu*, Gallimard, 1989.
Revel Jean-François, *Sur Proust*, Grasset, 1987.
Richard Jean-Pierre, *Proust et le monde sensible*, Seuil, 1974.
Sartre Jean-Paul, « Concience de soi et connaissance de soi », *Bulletin de la société française de philosophie*, n° 42, 1948.

–, *L'Être et le Néant*, Gallimard, 1976.
–, *La Nausée*, Gallimard, 1972.
–, *Les Carnets de la drôle de guerre*, Gallimard, 1983.
Spinoza Baruch, *Éthique*, 1677.
Valéry Paul, *Mélange*, Gallimard, 1941.

Table

Composition et mise en pages
Nord Compo à Villeneuve-d'Ascq

CET OUVRAGE
A ÉTÉ ACHEVÉ D'IMPRIMER
SUR ROTO-PAGE
PAR L'IMPRIMERIE FLOCH À MAYENNE
EN NOVEMBRE 2022

N° d'impression : 101493
Imprimé en France